DENTRO DA BALEIA

GEORGE ORWELL

Dentro da baleia

E outros ensaios

Organização e prefácio
Daniel Piza

Tradução
José Antonio Arantes

1ª reimpressão

COMPANHIA DAS LETRAS

Grafia atualizada segundo o Acordo Ortográfico da Língua Portuguesa de 1990, que entrou em vigor no Brasil em 2009.

Os ensaios deste volume foram selecionados de *The collected essays, journalism and letters of George Orwell* (1-4), editados por Sonia Orwell e Ian Angus

Capa
Mariana Newlands

Foto de capa
George Orwell em Villa Surmont, Marrakech, Marrocos, 1939
(George Orwell Archive/UCL Library Services)

Preparação
Maria Cecília Caropreso

Revisão
Marise Simões Leal
Denise Pessoa

Atualização ortográfica
Verba Editorial

Dados Internacionais de Catalogação na Publicação (CIP)
(Câmara Brasileira do Livro, SP, Brasil)

Orwell, George, 1903-1950.
Dentro da baleia e outros ensaios / George Orwell ; organização e prefácio Daniel Piza ; tradução José Antonio Arantes. — São Paulo : Companhia das Letras, 2005.

Bibliografia
ISBN 85-359-0763-7

1. Ensaios ingleses 2. Política e literatura I. Piza, Daniel. II. Título.

05-8720 CDD-824

Índice para catálogo sistemático:
1. Ensaios : Literatura inglesa 824

[2020]

EDITORA SCHWARCZ LTDA.
Rua Bandeira Paulista 702 cj. 32
04532-002 — São Paulo — SP
Telefone (11) 3707-3500
www.companhiadasletras.com.br
www.blogdacompanhia.com.br
facebook.com/companhiadasletras
instagram.com/companhiadasletras
twitter.com/cialetras

Sumário

PARTE 3 — A POLÍTICA DA LITERATURA

Fora da utopia

Daniel Piza

George Orwell era um escritor para quem todos os temas interessavam, dos esportes (que criticou porque incentivariam nacionalismos) à pintura (a de Salvador Dalí, por exemplo, classificou de "doentia"), mas dois temas o acompanhavam do café à ceia: a política e a literatura. Sua vida foi tomada por ambos, como a de muitos de seus contemporâneos. Como ele nasceu em 1903 e morreu em 1950 e viveu experiências raras e intensas nas duas áreas, se tornou também o símbolo de um tempo, a primeira metade do século XX, em que elas se confundiram em incontáveis pontos. O mais curioso é que nenhum outro literato discutiu tanta política e, ao mesmo tempo, colaborou tanto para evitar que a literatura se rendesse a ela.

Eric Arthur Blair, seu nome de batismo, respirava política em casa desde cedo. Nasceu em Motihari, na Índia, porque seu pai trabalhava lá, como funcionário público do Império britânico. Era o tempo em que se dizia que o sol nunca se punha para os ingleses, tal a extensão de seu poder imperial. O próprio Eric trabalharia em seu nome nos domínios asiáticos. Quando tinha quatro anos, sua família voltou para a Inglaterra, e ele cresceu alimentado por rosbifes e pudins (e chegaria ao extremo de defender a culinária de seu país, reconhecidamente o ponto fraco da Inglaterra entre as artes civilizadas) e foi estudar no prestigioso Eton, o colégio preferido pela elite que depois seguiria para Cambridge ou Oxford. Teve a sorte de ser muito novo para ir à Primeira Guerra Mundial (1914-8), na qual muitos de uma brilhante geração intelectual morreram. (Mais tarde, ele escreveria que o horror da guerra não é só a morte de civis nos campos de batalha, mas também da "fina flor" de uma sociedade.) Sua vida começou a destoar do currículo "Oxbridge" em 1922, quando foi servir na Polícia Imperial Indiana na Birmânia, país hoje conhecido como Myanmar, localizado entre Bangladesh, China e Tailândia. Consta que ficou chocado com os costumes locais e distribuía corretivos nos dominados.

A experiência colonialista, porém, traria aprendizados. Traria, por exemplo, a literatura, pois o período seria descrito em forma de romance em *Burmese days*, publicado em 1934. Traria, antes, uma fase de extrema pobreza. Quando voltou da Birmânia, em 1927, não tinha emprego e não sabia o que fazer. Decidiu passar dois anos em Paris, onde então se respirava o fim de uma era de liberação criativa nas artes e no comportamento, a qual pouco pôde aproveitar. Deu aulas em escolas e foi professor particular, trabalhou como vendedor de livraria (experiência que descreve em "Memórias de livraria", um dos quinze ensaios que compõem este volume) e começou a carreira de resenhista de livros que manteria ativa até o fim da vida. Em 1929, quando a crise econômica ameaçava lançar o mundo em trevas, voltou para Londres. Esses anos de "bicos" e dificuldades também se transformariam em literatura, com *Down and out in Paris and London* (1933), seu inesquecível relato sobre a população de sem-tetos naquelas capitais.

Ironicamente, o impacto maior sobre a percepção política de Orwell veio não do colonialismo e da pobreza asiática, mas do convívio com os desempregados e os desgarrados das sociedades europeias. Em 1936 o editor Victor Gollancz o contratou para visitar regiões que sofriam o desemprego em massa, em Lancashire e Yorkshire, e descrever a situação em *Road to Wigan pier*, publicado no ano seguinte. Num ensaio de três anos depois, "Dentro da baleia", que dá título a este livro, observou que, muito mais do que uma crença nas teorias de Marx e Engels, era o desemprego que levava as pessoas a aderir ao comunismo. A afirmação causou celeuma na época. Hoje soa precisa.

A vida de Orwell não tinha sossego. Casou-se em 1936 com Eileen O'Shaughnessy (que morreria em 1945) e, no mesmo ano, partiu para a Espanha para lutar na Guerra Civil ao lado dos republicanos, experiência que seria narrada de forma poderosa em *Homage to Catalonia* (1939). Mas foi ferido por um tiro na garganta em 1938, um ano antes do fim do conflito e do início da Segunda Guerra Mundial. Neste mesmo ano, Orwell foi internado num sanatório para se tratar de tuberculose. Quando saiu, foi em busca de recuperação para o Marrocos, onde passou seis meses escrevendo para jornais e para seu próximo livro, *Coming up for air* (1940). A guerra tinha começado e ele novamente foi trabalhar para o governo britânico, na Guarda Civil, além de fazer transmissões pela rádio BBC, onde, de 1941 a 1943, alternou as notícias políticas com leituras de poesia. Na mesma época, começou a escrever uma coluna de página inteira no *Tribune*, onde era o editor de livros. Também colaborava com *The Observer* e *Manchester Evening News*. Os assuntos predominantes? Literatura e política, claro.

É uma sequência significativa: intensas vivências pessoais seguidas de livros que as tentaram compreender, ora em ficção, ora em não ficção. Orwell viu o colonialismo, o desemprego, a guerra. Experimentou a pobreza e a violência. Viajou muito, teve contato com diversas classes sociais e realidades locais. Escreveu cinco livros e algumas centenas de artigos. Foi só então, depois dos 42 anos, que publicou os dois romances que lhe dariam fama mundial e posteridade: *A revolução dos bichos* (1945) e *1984* (1949). Não à toa, são duas alegorias políticas, em que o próprio tema da relação entre palavras e ideologias é dramatizado. Assim como o teatro de Bernard Shaw não pode ser compreendido sem que se compreenda seu jornalismo, a ficção de Orwell é profundamente interligada com seus ensaios e reportagens.

O que esta coletânea mostra é que Orwell é ao mesmo tempo um emblema de um período histórico e uma exceção entre seus pares. Politicamente, sempre esteve mais próximo da esquerda, preocupado como era com o que hoje se chama de "inclusão social" e revoltado contra governos autoritários e antidemocráticos. Mas nunca aderiu ao marxismo ou a suas correntes sucessoras; nunca acreditou que havia uma lei histórica que determinava, cedo ou tarde, o suicídio do capitalismo. Com o passar do tempo, foi se tornando cada vez mais cético. Reclamou, por exemplo, da falta de pragmatismo da esquerda britânica e da falta de união das facções esquerdistas espanholas — duas queixas que se tornariam comuns décadas mais tarde em toda a Europa. Jamais caiu no conto da "etapa necessária" de poder de uma minoria para que o proletariado fosse levado ao paraíso. Ao contrário de outros escritores que misturaram ficção e política, como Sartre ou Malraux, jamais elogiou Stalin ou Mao. Ao contrário: satirizou o totalitarismo socialista como poucos, com a grande vantagem de jamais aderir à retórica conservadora ou reacionária.

Orwell era o que os anglo-saxões chamam de liberal, ou seja, um sujeito que valoriza as liberdades individuais e os direitos sociais, rejeitando a expansão do Estado, da máquina burocrática, na qual via também as nocivas consequências culturais. Para ele, "burguesia" não era um palavrão. Numa das grandes passagens de "Dentro da baleia", defendendo a criatividade politicamente passiva de Henry Miller, escreveu que o maior inimigo do escritor é a ditadura:

> [...] Em geral se imaginava que o socialismo poderia preservar, e inclusive expandir, a atmosfera de liberalismo. Agora se começa a perceber o quanto essa ideia é falsa. Quase com certeza estamos rumando para uma era de ditaduras totalitárias — uma era em que a liberdade de pensamento será a princípio um pecado mortal e mais tarde uma abstração sem sentido. O indivíduo autônomo será eliminado da existência. Isso significa que a literatura, na forma em que a conhecemos, deve sofrer ao menos uma morte temporária. [...] Daqui para a frente, porém, o fato de grande importância para o escritor será que este mundo não é o de um escritor. Isso não significa que ele não possa ajudar a fazer nascer uma nova sociedade, mas não pode participar do processo *como escritor*. Porque *como escritor* ele é um liberal, e o que ocorre é a destruição do liberalismo. [...] Ao que parece, nada restou exceto quietismo — despojar a realidade de seus horrores pela simples submissão a ela. Entre nas entranhas da baleia — ou, antes, admita estar dentro da baleia (porque, claro, você *está*).

Orwell escreve sob o clima de chumbo da Segunda Guerra. Na realidade, não acha que a ficção de Miller seja uma esperança para o futuro da literatura. Critica *Trópico de Câncer* por colocar imaginação e estilo a serviço de um individualismo frívolo, impotente, negativista, "emocionalmente espúrio" — amoral, em suma. Mas vê isso como sintoma do beco sem saída em que os escritores dos anos 1940 estariam. De um lado, o capitalismo do *laissez-faire* e da cultura cristã liberal estava em colapso; do outro, o socialismo se revelara mais uma forma de totalitarismo, de extermínio da liberdade de pensamento e criação. Como poderia haver uma literatura "construtiva" diante de tal falta de perspectivas?

Este volume, selecionado a partir de coletâneas diversas de seus artigos e ensaios, é repleto de reflexões sobre a função do escritor em tempos de maremoto político. Mas também procura mostrar um Orwell memorialista, mais desarmado, dotado de um poder de observação social e artística ao mesmo tempo incisiva e compreensiva. Na primeira parte, por exemplo, vemos sem firulas por que se tornou escritor ("Até onde se sabe, esse demônio é o mesmo instinto que faz um bebê chamar atenção aos berros"), acompanhamos sua experiência como leitor e crítico (quando defende a ideia de que poucos livros merecem ser resenhados) e conhecemos a categoria dos "bons livros ruins" (histórias como *A cabana do pai Tomás* que, embora melodramáticas, nos prendem por sua narrativa). Orwell não gostava de escrever sobre livros — nem sobre nada mais — em tom professoral, pseudocientífico, como se ler fosse coisa chata ou questão de status.

Em alguns textos esse memorialismo se une à reportagem e produz algumas das peças mais famosas da história do jornalismo literário, estudadas em escolas de comunicação em todo o mundo. É o caso, neste volume, de "Um enforcamento" e "O abate de um elefante". O primeiro é uma demonstração das habilidades descritivas de Orwell. Não só ele usa as palavras adequadas para criar a imagem na mente do leitor e seleciona os detalhes realmente significativos, mas também acrescenta metáforas, medita sobre a natureza humana, liga substantivos a adjetivos de forma memorável. Classifica a cena da execução na Birmânia como "solene sandice". "O abate de um elefante" tem ainda mais força. Já revoltado contra o imperialismo e ansioso para abandonar seu trabalho na administração pública, Orwell narra a cena de um elefante que está destruindo um bazar num bairro pobre. Ficamos curiosos sobre o desenrolar da situação. Dois mil nativos cercam o escritor na torcida de que ele atire no animal; Orwell se sente "um fantoche", obrigado a matar sem nem mesmo saber se era necessário ou não. Há uma sugestão conradiana de complexidade e solidão em todo o texto. "Entendi naquele momento que quando o branco se torna tirano é sua própria liberdade que ele destrói."

Orwell também sabia ser provocador e agressivo. Gostava de polêmicas. A abertura de seu texto sobre Gandhi, por exemplo, provocou ira nos admiradores do pacifista indiano: "Santos devem ser considerados culpados até que se prove sua inocência". E passa a discutir a vaidade e o anti-humanismo de Gandhi. Lendo "Como morrem os pobres", seu relato de uma visita a um hospital público de Paris em 1929, nos reasseguramos de que desse assunto, humanismo, Orwell entendia como poucos. Sentimos o clima de abandono e descaso daqueles pacientes a cada linha.

Como jornalista-ensaísta, herdeiro de grandes estilistas britânicos do gênero como William Hazlitt, Orwell tinha o dom de desafiar os lugares-comuns vigentes na população, ao mesmo tempo que enfrentava as ilusões da intelectualidade de esquerda. Começa "Meu país à direita ou à esquerda" da seguinte forma: "Ao contrário da crença popular, o passado não foi mais rico de acontecimentos do que o presente". É uma reflexão sobre a relação dos indivíduos com sua pátria. Orwell defende o patriotismo, como o sentimento de pertencer a uma entidade real chamada país, e não o nacionalismo, que é uma visão conservadora segundo a qual uma nação é inerentemente superior à vizinha.

Seu ensaio sobre H. G. Wells, o autor de *A máquina do tempo*, é cheio de observações interessantes: "As pessoas que dizem que Hitler é o Anticristo ou então o Espírito Santo estão mais próximas de entender a verdade do que os intelectuais que por dez anos pavorosos sustentaram que ele não passa de um personagem saído de uma ópera cômica, que não merece ser levado a sério". Ou: "As pessoas que demonstraram melhor entendimento do fascismo são as que sofreram com ele ou as que têm um traço de temperamento fascista". Wells soava razoável ao propor a conjugação de ciência com bom senso, mas para entender o mundo moderno isso não bastava. "[Wells] foi, e ainda é, bastante incapaz de entender que o nacionalismo, a intolerância religiosa e a lealdade feudal são forças bem mais poderosas", resume. É outra frase bem atual, se pensarmos no 11 de setembro de 2001 e na reação de Bush.

Seu ataque ao panfleto de Tolstoi contra Shakespeare é outro grande momento. Identifica a aversão do grande romancista russo ao autor de *Rei Lear* pelas diferenças de comportamento entre ambos. Shakespeare é mundano, um poeta-pensador que não tem uma postura religiosa diante da vida; não acha que devemos renunciar aos prazeres e incertezas da existência em nome de um prêmio maior. Orwell diz tudo isso sem em nenhum momento criticar Tolstoi como escritor, admirador que era de obras-primas como *Guerra e paz* e *Ana Karenina*.

Nem sempre que leva as opiniões políticas para o exame de grandes escritores, porém, Orwell tem a mesma capacidade de distinção. Ao analisar o conservadorismo anticientífico de Swift, encontrando suas pegadas em todos os passos das *Viagens de Gulliver*, apesar de vários insights, termina perdendo a noção dos limites. É verdade que Swift, ao rir da humanidade, também está atacando a Inglaterra. Mas não foi o que fez Dante na *Comédia*? Critica sua Florença natal e, ao mesmo tempo, ilumina as ironias da natureza humana. Orwell diz admirar *Viagens de Gulliver* e tê-lo relido uma dúzia de vezes, só que não chega a demonstrar por que sua imaginação literária transcende sua defesa de um mundo estático.

Com Mark Twain, é ainda mais injusto. Ele se queixa da carreira do escritor americano como humorista e palestrante. Agudamente, nota que seus contos cômicos pecam por um certo mecanicismo, uma previsibilidade que deriva do desejo de agradar à plateia presente. Mas diz que os livros de Twain dão a impressão de que ele tinha um romance maior por ser escrito, o qual nunca fez. Num trecho, compara o caráter dele com o de Anatole France, dois herdeiros de Voltaire, e diz que o escritor francês era mais erudito, mais corajoso e "mais vivo esteticamente". Bem, como comprova o interesse por ambos na atualidade, France pode ter sido mais erudito e corajoso, mas certamente não atingiu a vivacidade estética em nenhum romance como Twain em *Huckleberry Finn*.

Mesmo na política sua clareza não foi infalível. Orwell foi profético em suas críticas à esquerda socialista, mas em outros aspectos foi um pensador comum à sua época. Não imaginava que o capitalismo pudesse ser reformulado, como foi, na segunda metade do século XX; hoje a democracia liberal, no sentido mais amplo da expressão, é mais adotada mundo afora do que jamais foi. Para Orwell, o futuro pertencia ao totalitarismo, aos Hitlers e Stalins, e o escritor não passaria então de um registrador da realidade imediata, em vez de um ser pensante capaz de influenciar o curso da humanidade. Mesmo seu conceito de que o socialismo poderia ser uma expansão do liberalismo era ingênuo antes mesmo da década de 1930, como um filósofo como o inglês Bertrand Russell já percebera. E o pessimismo de Orwell não via escape, por exemplo, no sistema democrático à maneira americana, porque para ele a "sociedade de massas" inevitavelmente descambaria em controle dos indivíduos, em cooptação das ideias. Roosevelt não era opção construtiva. Orwell, afinal, não gostava da mentalidade de classe média — religiosa, patrioteira, discriminadora.

Esse Orwell algo moralista e nacionalista, que parece ter certeza de que o futuro será da barbárie (e em 1940 chega a dizer que a Inglaterra é uma "grande família comandada pelos membros errados"), pareceu estranhamente ratificado em 1998. Foi quando se revelou que, em 1949, a pedido de Celia Kirwan, funcionária das Relações Exteriores, ele elaborou uma lista de "criptocomunistas" para o governo britânico. Sim, dedurou. Dedurou artistas e escritores como Chaplin, Shaw ("confiavelmente pró-russo em todas as grandes questões") e J. B. Priestley ("muito antiamericano"). Orwell teria justificado sua atitude, na época, por não querer que essas pessoas assumissem cargos no governo britânico e assim fizessem mal ao país. Lamentável.

Isso, porém, não pode tomar o primeiro plano quando se trata de entender suas mudanças de opinião política. Primeiro, porque essas mudanças foram muitas vezes saudáveis. Enquanto os intelectuais ligados ao socialismo se recusavam a ver os horrores do totalitarismo, Orwell o criticava, defendendo democracia e realismo. Segundo, seus textos sempre deram ênfase à ampliação da justiça social. Como notou o crítico cultural Christopher Hitchens em livro sobre Orwell, ele não pode ser roubado nem pela esquerda socialista nem pela direita anticomunista. Um dos melhores antídotos contra o equívoco de sua lista é ele mesmo.

Orwell, na verdade, antecipou muitas das mudanças que a esquerda europeia só encararia de fato a partir da queda do muro de Berlim em 1989. Elogiaria o pragmatismo econômico e político do trabalhismo recente. Mas Eric Blair não gostaria de Tony Blair por outros motivos, como o apoio à invasão americana do

Iraque, pois Bush reúne muitos dos atributos que mais deplorava num ser político.

É essa posição política que explica em parte sua decisão de escrever *A revolução dos bichos* para ser publicado no último ano da guerra (que Orwell, em verdade, achava que duraria muito mais tempo). Durante muitos anos, analistas marxistas tentaram convencer os leitores de que o livro não era sobre a revolução bolchevique de 1917. Mas aqui, em "Escritores e Leviatã", escrito em 1948, vemos como ele discordava da esquerda utópica, extremista e nacionalista, a qual ignorava a interdependência da economia mundial e a necessidade do progresso industrial. Orwell percebeu logo que o período de "transição" para o socialismo na Rússia havia tomado o lugar do próprio socialismo, rendendo o país ao fracasso econômico e à repressão policial. Obviamente o romance era sobre essa autoarmadilha.

Isso não significa que não possa ser lido num espectro mais amplo. Afinal, a questão do totalitarismo como ameaça universal e não apenas localizada se tornaria ainda mais central em *1984*, o romance que imagina uma sociedade em que os pensamentos são todos controlados, uma sociedade antiliterária por definição, tal como os reality-shows que usam sua expressão *Big Brother*. O grande trunfo de Orwell como romancista é essa percepção de que um regime totalitário não apenas leva a um colapso produtivo a médio ou longo prazo, mas também o faz porque congela a criatividade e esvazia as palavras, esgotando as "faculdades inventivas", jogando fora uma grande conquista da civilização, a liberdade de expressão. Não por acaso Thomas Pynchon, o romancista de *Arco-íris da gravidade*, foi quem fez o prefácio da edição mais recente do livro pela editora Plume.

Como ficcionista, Orwell não tem a fertilidade de um Henry Miller, muito menos a profundidade psicológica e o refinamento estético de um James Joyce ou um Henry James — autores citados por ele mesmo como exemplos de dedicação "resoluta" à literatura, de uma forma que julgava não mais ser possível. No entanto, conseguiu fazer dois romances não apenas característicos de um gênero, a "distopia", mas também capazes de reverberar na sensibilidade de outras épocas. *Revolução dos bichos* e *1984* não ficaram datados porque não se prendem ao território ideológico. Dizem respeito a qualquer aspecto da nossa vida cotidiana, não por acaso ainda afundada na linguagem da propaganda, a qual invade por modos mais sutis as artes e o jornalismo, dando o tom uniformizador sob a diversidade cacofônica.

Os dois romances só foram possíveis porque Orwell abriu mais ainda sua cabeça depois de ter escrito "Dentro da baleia". Continuou a ver uma função política na atividade do escritor, mas antes como cidadão do que como escritor. Nada de se trancar numa torre de marfim; e nada de se trancar na ideologia de um grupo. Isso seria "se destruir como escritor". Como Edmund Wilson no fim da vida, para citar outro ensaísta que pensou agudamente as relações entre literatura e política, Orwell, que morreu em 1950 de tuberculose, provavelmente adquirida nos tempos de pobreza em Paris, diz: "Em política, nada mais podemos fazer do que concluir qual dos dois males é o menor". Esse é o legado de uma vida que, embora curta, foi rica em possibilidades de observação dos conflitos entre história e indivíduo. Esse é também o legado de seu ensaísmo, um dos pontos altos da prosa inglesa moderna.

No mesmo "Escritores e Leviatã", ao criticar ainda a ingenuidade pacifista e a alienação personalista, Orwell escreve uma frase de lucidez ainda hoje incomum: "Na verdade, o mero som de palavras que terminam em 'ismo' parece trazer em si o cheiro de propaganda". Seu olfato não poderia ser mais apurado.

PARTE 1

Palavras, palavras

1. Por que escrevo

Desde muito pequeno, talvez com cinco ou seis anos de idade, eu sabia que, quando crescesse, seria escritor. Mais ou menos entre dezessete e vinte e quatro anos, tentei abandonar essa ideia, embora ciente de que estava indo contra minha verdadeira natureza e de que cedo ou tarde teria de tomar juízo e escrever livros.

Éramos três irmãos, eu o do meio, mas havia um intervalo de cinco anos entre um e outro, e mal vi meu pai antes dos oito anos. Por esse e outros motivos, eu era um pouco solitário e logo adquiri modos peculiares e pouco simpáticos, que me tornaram malquisto durante toda a minha vida escolar. Tinha o hábito de menino solitário de inventar histórias e travar conversas com pessoas imaginárias, e acho que desde o início minhas ambições literárias se confundiram com o sentimento de ser isolado e subestimado. Sabia que tinha habilidade com as palavras e capacidade para enfrentar fatos desagradáveis, e sentia que isso criava uma espécie de mundo particular em que podia compensar fracassos da vida cotidiana. No entanto, o volume de textos sérios — quer dizer, de intenção séria — que produzi ao longo da infância e da adolescência não somava meia dúzia de páginas. Aos quatro ou cinco anos escrevi meu primeiro poema, que minha mãe anotou enquanto eu ditava. Dele nada me lembro, a não ser que era sobre um tigre e o tigre tinha "dentes iguais a uma cadeira" — uma expressão razoável, mas acho que o poema era plágio de "Tigre, tigre", de William Blake. Aos onze, quando eclodiu a Primeira Guerra Mundial (1914-8), escrevi um poema patriótico que foi publicado no jornal local, e outro dois anos mais tarde, sobre a morte do marechal de campo Kitchner de Cartum [Horatio Herbert]. Um pouco mais velho, escrevi alguns maus "poemas sobre a natureza", em estilo georgiano, em geral inacabados. Em duas ocasiões também tentei escrever um conto que foi um tremendo fracasso. Esse foi o total do pretenso trabalho sério que pus no papel ao longo de todos aqueles anos.

Entretanto, durante esse período sempre estive envolvido, de certo modo, em atividades literárias. Em primeiro lugar, havia as incumbências que eu produzia com rapidez e facilidade, sem muito prazer. Afora o trabalho escolar, escrevi *vers d'occasion*, poemas semicômicos que eu compunha com uma velocidade que hoje me parece espantosa — aos catorze, escrevi uma peça toda rimada, à maneira de Aristófanes, em cerca de uma semana —, e ajudei a editar revistas escolares, impressas e manuscritas. Essas revistas eram a coisa mais ridícula que se pode imaginar, e tive muito menos problemas com elas do que tenho hoje com o jornalismo mais pretensioso. Mas, paralelamente a tudo isso, por quinze anos ou mais fiz um tipo de exercício literário diferente: era a composição de uma "história" contínua sobre mim mesmo, uma espécie de diário que só existia na minha cabeça. Acredito que seja um hábito comum em crianças e adolescentes. Quando pequeno, eu costumava imaginar que era, digamos, Robin Hood, e me concebia como o herói de aventuras emocionantes, mas em pouco tempo minha "história" abandonou seu narcisismo primário e se tornou cada vez mais uma simples descrição do que eu fazia e das coisas que via. Durante minutos, às vezes, me passava pela cabeça este tipo de coisa: "Ele abriu a porta com ímpeto e entrou na sala. Um feixe amarelo de luz solar, infiltrando-se pelas cortinas de musselina, incidia obliquamente sobre a mesa, onde uma caixa de fósforos, semiaberta, estava ao lado do tinteiro. Com a mão direita no bolso, ele foi até a janela. Lá embaixo, na rua, um gato malhado perseguia uma folha seca", e assim por diante. Esse hábito continuou até mais ou menos os vinte e cinco anos, durante toda a minha fase não literária. Embora tivesse de procurar, e de fato procurava, as palavras certas, parecia que me empenhava nesse esforço descritivo quase a contragosto, obedecendo a uma espécie de compulsão que vinha de fora. Suponho que a "história" tenha refletido os estilos dos vários escritores que admirei em diferentes épocas, mas, tanto quanto me lembro, tinha sempre a mesma qualidade descritiva meticulosa.

Por volta dos dezesseis anos, de repente descobri o prazer das meras palavras, quer dizer, dos sons e associações de palavras. Os versos de *Paraíso perdido* [Livro II, vs. 1021-2], de John Milton,

Ele então com dificuldade e dura labuta
*Prosseguiu: com dificuldade e labuta ele,**

que hoje não me parecem tão maravilhosos, deram-me um calafrio na espinha; e a grafia *hee* em vez de *he* era um prazer a mais. Quanto à necessidade de descrever coisas, eu já sabia tudo a respeito. Está claro, portanto, o tipo de livro que eu queria escrever, até onde se pode dizer que eu queria escrever livros naquela época. Queria escrever romances naturalistas imensos com finais infeli-

* *So hee with difficulty and labour hard/ Moved on: with difficulty and labour hee.* (N. T.)

zes, cheios de descrições detalhadas e de símiles impressionantes, e também cheios de passagens floreadas em que as palavras fossem usadas em parte por causa do som. De fato, o primeiro romance que concluí, *Burmese days* [*Dias birmaneses*], escrito aos trinta anos, mas planejado muito antes, é bem esse tipo de livro.

Forneço todos esses antecedentes porque acho que não se pode avaliar o que move um escritor sem uma noção de seu desenvolvimento inicial. O assunto será determinado pela época em que ele vive — isso é verdade ao menos em épocas tumultuosas e revolucionárias como a nossa —, mas antes de começar a escrever ele já terá adquirido uma atitude emocional da qual jamais se livrará de todo. A tarefa é, sem dúvida, disciplinar o temperamento e evitar ficar empacado em alguma etapa imatura ou em algum estado de ânimo perverso: mas, se se livrar completamente das influências iniciais, terá aniquilado o impulso para escrever. Pondo de lado a necessidade da subsistência, creio que há quatro grandes motivos para escrever, ao menos para escrever prosa. Eles existem em diferentes graus em cada escritor, e num dado escritor as proporções variarão de quando em quando, conforme a atmosfera em que ele vive. São eles:

1. Puro egoísmo. O desejo de ser engenhoso, de ser comentado, de ser lembrado após a morte, de se desforrar de adultos que o desdenharam na infância e por aí afora. É uma falsidade fazer de conta que este não é um motivo, e um motivo forte. Escritores compartilham esta característica com cientistas, artistas, políticos, advogados, soldados, homens de negócios bem-sucedidos — em suma, toda a camada superior da humanidade. A grande massa de seres humanos não tem um egoísmo agudo. Mais ou menos depois dos trinta, abandonam a ambição individual — em muitos casos, de fato, quase abandonam inteiramente a noção de serem indivíduos — e vivem sobretudo para os outros, ou simplesmente se deixam sufocar pelo trabalho enfadonho. Mas

também existe a minoria de pessoas talentosas e obstinadas decididas a viver a vida até o fim, e os escritores pertencem a essa classe. Devo dizer que escritores sérios são, de modo geral, mais vaidosos e egocêntricos do que jornalistas, embora menos interessados em dinheiro.

2. Entusiasmo estético. A percepção da beleza no mundo externo ou, de outro lado, nas palavras e em seu arranjo correto. Prazer no impacto de um som sobre outro, na firmeza de uma boa prosa ou no ritmo de uma boa história. O desejo de compartilhar uma experiência é valioso e não se deve deixar escapar. O motivo estético é muito débil numa porção de escritores, mas mesmo um panfleteiro ou um escritor de livros didáticos terá palavras e frases prediletas que lhe agradam por razões não utilitárias; ou terá preferências por tipografia, largura de margens e assim por diante. Acima do nível de um guia ferroviário, nenhum livro está inteiramente isento de considerações estéticas.

3. Impulso histórico. O desejo de ver as coisas como elas são, de encontrar fatos verídicos e guardá-los para o uso da posteridade.

4. Propósito político — a palavra "político" entendida aqui em seu sentido mais amplo. O desejo de lançar o mundo em determinada direção, de mudar as ideias das pessoas sobre o tipo de sociedade que deveriam se esforçar para alcançar. Também neste caso ninguém está verdadeiramente isento de tendências políticas. A opinião de que arte não deveria ter a ver com política é em si mesma uma atitude política.

Pode-se perceber como esses diferentes impulsos são antagônicos e variam de pessoa para pessoa, de época para época. Por natureza — considerando "natureza" o estado a que se chega quando se fica adulto —, sou uma pessoa para quem os três primeiros têm mais importância do que o quarto. Numa época de paz, poderia ter escrito livros floreados ou meramente descritivos e ficado quase alheio a minhas lealdades políticas. De qualquer forma, fui forçado a me tornar uma espécie de panfleteiro. Primeiro, passei cinco anos numa profissão inadequada (na Polícia Imperial Indiana, na Birmânia), depois aguentei a pobreza e a sensação de fracasso. Isso aumentou minha aversão natural à autoridade e me fez ficar pela primeira vez totalmente consciente da existência das classes trabalhadoras, e o trabalho na Birmânia me dera um entendimento da natureza do imperialismo: mas essas experiências não bastaram para me dar uma orientação política precisa. Depois veio Hitler, a Guerra Civil Espanhola etc. Ao fim de 1935, ainda não tinha conseguido chegar a uma decisão firme. Lembro-me de um poemeto que escrevi nessa ocasião, expressando meu dilema:

Feliz pároco eu teria sido
Duzentos anos atrás,
Para pregar a condenação eterna
E observar a nogueira crescer,

Mas nascido, ai!, em tempos ruins,
Perdi aquele paraíso aprazível,
Pois a penugem cresceu no lábio superior
E clérigos são todos bem escanhoados.

E mais tarde os tempos foram bons,
Éramos fáceis de agradar,
Embalávamos os problemas no sono
No aconchego das árvores.

Todos ignorantes, ousamos possuir
As alegrias que agora simulamos;

O tentilhão esverdeado no ramo da macieira
Podia fazer estremecer meus inimigos.

Mas ventres de moças e damascos,
Baratas num regato à sombra,
Cavalos, patos em voo no amanhecer,
Tudo isso é sonho.

É proibido voltar a sonhar;
Mutilamos nossas alegrias ou as ocultamos;
Cavalos são feitos de aço-cromo
E homenzinhos gordos os cavalgarão.

Sou o verme que nunca mudou,
O eunuco sem harém;
Entre o padre e o comissário,
*Caminho como Eugene Aram;**

E o comissário lê minha sorte
Enquanto o rádio toca música,
*Mas o padre prometeu um Austin Seven,***
Pois Duggie sempre paga.

Sonhei que habitava salões de mármore
E ao acordar vi que era verdade;

* Eugene Aram: filólogo britânico (1704-59), escreveu *Comparative lexicon of the English, Latin, Greek, Hebrew, and Celtic languages.* Em 1745 matou um ex-amigo, Daniel Clark, pelo que foi enforcado. (N. T.)

** Austin Seven: modelo de carro produzido a partir de 1921 pela Austin Motor Company, fundada em meados de 1890 pelo engenheiro britânico Herbert Austin (1866-1941). (N. T.)

Não nasci para uma época como esta;
Era Smith? Era Jones? Era você? *

A Guerra Civil Espanhola e outros acontecimentos em 1936-7 pesaram na balança, e a partir de então eu soube me situar. Cada linha de trabalho sério que escrevi desde 1936 foi escrita, direta ou indiretamente, *contra* o totalitarismo e *a favor* do socialismo democrata, da forma que eu o entendo. Parece-me absurdo, num período como o nosso, pensar que se pode evitar escrever sobre esses assuntos. Todo mundo escreve sobre eles de uma forma ou de outra. É apenas uma questão de que lado tomar e de que abordagem adotar. Quanto mais ciente se está de uma tendência política, mais oportunidade se tem de atuar politicamente, sem sacrificar a estética e a integridade intelectual.

O que mais desejei fazer nos últimos dez anos foi transformar escrita política em arte. Meu ponto de partida é sempre um sentimento de proselitismo, uma sensação de injustiça. Quando sento para escrever um livro, não digo a mim mesmo: "Vou pro-

* *A happy vicar I might have been/ Two hundred years ago,/ To preach upon eternal doom/ And watch my walnuts grow// But born, alas, in an evil time,/ I missed that pleasant haven,/ For the hair has grown on my upper lip/ And the clergy are all clean-shaven.// And later still the times were good,/ We were so easy to please,/ We rocked our troubled thoughts to sleep/ On the bosoms of the trees.// All ignorant we dared to own/ The joys we now dissemble;/ The greenfinch on the apple bough/ Could make my enemies tremble.// But girls' bellies and apricots, // Roach in shaded stream,/ Horses, ducks in flight at dawn,/ All these are a dream.// It is forbidden to dream again;/ We maim our joys or hide them;/ Horses are made of chromium steel/ And little fat men shall ride them.// I am the worm who never turned,/ The eunuch without a harem;/ Between the priest and the commissar,/ I walk like Eugene Aram;// And the commissar is telling my fortune/ While the radio plays,/ But the priest has promised an Austin Seven,/ For Duggie always pays. // I dreamed I dwelt in marble halls,/ And woke to find it true;/ I wasn't born for an age like this;/ Was Smith? Was Jones? Were you?* (N. T.)

duzir uma obra de arte". Escrevo porque existe uma mentira que pretendo expor, um fato para o qual pretendo chamar a atenção, e minha preocupação inicial é atingir um público. Mas não conseguiria escrever um livro, nem um longo artigo para uma revista, se não fosse também uma experiência estética. Quem se dispuser a examinar meu trabalho perceberá que, mesmo quando é uma clara propaganda, contém muito do que um político de tempo integral consideraria irrelevante. Não sou capaz de abandonar por completo a visão de mundo que adquiri na infância, nem quero. Enquanto viver e estiver com saúde, continuarei a ter um forte apego ao estilo da prosa, a amar a superfície da Terra, a sentir prazer com objetos sólidos e fragmentos de informações inúteis. De nada adianta tentar reprimir esse meu lado. O trabalho é conciliar os gostos e os desgostos arraigados com as atividades essencialmente públicas, não individuais, que esta época impõe a todos nós.

Não é fácil. Suscita problemas de construção e de linguagem e, de uma nova maneira, o problema da veracidade. Darei apenas um exemplo do tipo mais grosseiro de dificuldade que surge. Meu livro sobre a Guerra Civil Espanhola, *Homage to Catalonia* [*Homenagem à Catalunha*], é, claro, abertamente político, mas a maior parte dele foi escrita com algum distanciamento e preocupação com a forma. Empenhei-me muito em contar toda a verdade sem violar meus instintos literários. Mas entre outras coisas o livro contém um longo capítulo, repleto de citações de jornais e coisas do gênero, que defende trotskistas acusados de tramar com Franco. Sem dúvida um capítulo assim, que após um ou dois anos perderia o interesse para qualquer leitor comum, deve arruinar o livro. Um crítico que respeito me passou um sermão sobre isso. "Por que incluiu todo esse material?", perguntou. "Transformou em jornalismo o que poderia ter sido um bom livro." O que ele disse era verdade, mas eu não poderia ter feito de outra maneira. Ocorreu que eu sabia o que poucas pessoas na Inglaterra tiveram a oportunidade de saber: que homens inocentes estavam sendo falsamente acusados. Se não estivesse revoltado com isso, jamais teria escrito o livro.

De um modo ou de outro, esse problema reaparece. O problema da linguagem é mais sutil, e sua discussão seria mais demorada. Direi apenas que nos últimos anos procurei escrever de forma menos pitoresca e com mais exatidão. De qualquer maneira, creio que na hora em que aperfeiçoamos um estilo de escrita sempre o superamos. *A revolução dos bichos* foi o primeiro livro em que tentei, com plena consciência do que fazia, amalgamar os propósitos político e artístico. Faz sete anos que não escrevo um romance, mas espero escrever outro muito em breve. Será fatalmente um fracasso, todo livro é um fracasso, porém tenho uma clara noção do tipo de livro que pretendo escrever.

Reexaminando as duas últimas páginas, mais ou menos, noto que fiz parecer que meus motivos para escrever estiveram todos voltados à causa pública. Não quero que seja essa a impressão definitiva. Todos os escritores são vaidosos, egocêntricos e ociosos, e bem no fundo de seus motivos jaz um mistério. Escrever um livro é uma luta horrível e exaustiva, como um prolongado ataque de uma enfermidade dolorosa. Ninguém jamais se incumbiria de tal coisa se não fosse impelido por um demônio ao qual não se pode resistir nem entender. Porque todo mundo sabe que esse demônio é simplesmente o mesmo instinto que faz um bebê chamar a atenção aos berros. E no entanto também é verdadeiro que é impossível escrever algo legível sem lutar constantemente para apagar a própria personalidade. A boa prosa é como uma vidraça. Não sei dizer com certeza qual de meus motivos é o mais forte, mas sei qual deles merece ser seguido. E, ao reexaminar minha obra, percebo que foi sempre onde me faltou um propósito *político* que escrevi livros sem vida e fui induzido a escrever passagens floreadas, frases sem significado, adjetivos decorativos e, em geral, falsidades.

Gangrel, 1946.

2. Memórias de livraria

Quando eu trabalhava num sebo — que, para quem nunca trabalhou num, é muito fácil imaginar como uma espécie de paraíso onde encantadores senhores idosos folheiam livros sem cessar em meio a fólios encadernados em couro de bezerro —, o que mais me impressionava era a raridade de pessoas de fato dadas à leitura. Nossa livraria dispunha de um estoque excepcionalmente interessante, no entanto duvido que dez por cento dos fregueses soubessem distinguir um livro bom de um ruim. Pretensos entendidos em primeiras edições eram bem mais comuns do que amantes da literatura, mas estudantes orientais que pechinchavam livros didáticos baratos eram ainda mais comuns, e mulheres indecisas em busca de presentes de aniversário para sobrinhos eram, de todos, as mais comuns.

Muitas das pessoas que nos procuravam eram do tipo que seria inconveniente em qualquer lugar, mas que encontrava oportunidades especiais numa livraria. Por exemplo, a estimada senhora que "quer um livro para um inválido" (uma procura bastante frequente) e a outra estimada senhora que leu um livro muito bom em 1897 e gostaria de saber se poderíamos localizar um exemplar para ela. Infelizmente não se lembra do título nem do nome do autor, ou do que o livro tratava, mas se lembra de que a capa era vermelha. Afora essas, existem dois tipos de praga notórios pelos quais todo sebo é perseguido. Um é o indivíduo decadente que cheira a farelo de pão amanhecido e que aparece todos os dias, de quando em quando várias vezes por dia, tentando vender livros sem valor. O outro é o que pede quantidades enormes de livros pelos quais não tem a menor intenção de pagar. Nossa livraria não vendia a crédito, mas reservávamos livros ou os encomendávamos, se necessário, para quem combinava de pegá-los mais tarde. Raras vezes as pessoas que nos encomendavam livros voltavam. No início isso me intrigava. O que as levava a agir assim? Apareciam e pediam um livro raro e caro, faziam-nos prometer repetidas vezes guardá-lo para elas e depois sumiam para sempre. Mas muitas delas, claro, eram paranoicas inconfundíveis. Tinham o hábito de falar de si mesmas com afetação e contar as histórias mais mirabolantes para explicar que por acaso saíram de casa sem dinheiro — histórias em que, em muitos casos, estou certo de que elas mesmas acreditavam. Numa cidade como Londres, há sempre uma porção de loucos não exatamente interditáveis soltos nas ruas e que tendem a se dirigir às livrarias, porque uma livraria é um dos poucos lugares em que podemos nos demorar por bastante tempo sem gastar um tostão. No fim acabamos conhecendo essas pessoas só de bater os olhos. Apesar de todo o palavrório, há nelas algo de antiquado e desnorteado. Com frequência, ao lidarmos com um paranoico manifesto, púnhamos de lado o livro pedido e depois o devolvíamos à estante assim que ele ia embora. Notei que nenhum deles jamais tentou levar livros sem pagar; bastava-lhes pedi-los — o que lhes dava, creio, a ilusão de que gastavam dinheiro de verdade.

Como a maioria dos sebos, tínhamos várias atividades suplementares. Vendíamos máquinas de escrever usadas, por exemplo, e selos também — quer dizer, selos usados. Colecionadores de selos são uma raça estranha, silenciosa e semelhante aos peixes; de todas as idades, mas só do sexo masculino; mulheres, ao que parece, não conseguem perceber o encanto peculiar que há em colar pedaços de papel colorido em álbuns. Vendíamos ainda horóscopos baratos colecionados por alguém que garantia ter previsto o terremoto no Japão. Eram guardados em envelopes selados, e eu mesmo nunca abri um deles, mas quem os comprava muitas vezes voltava e nos dizia que os horóscopos eram "verdadeiros". (Sem dúvida qualquer horóscopo parece "verdadeiro" se nos diz que somos extremamente atraentes para o sexo oposto e que nosso pior defeito é a generosidade.) Vendíamos muitos livros infantojuvenis, principalmente "saldos". Os infantojuvenis modernos são horrendos, sobretudo quando os vemos em conjunto. Para dar a uma criança, eu preferiria um exemplar [do *Satíricon*] de Petrônio a *Peter Pan*, mas até James Matthew Barrie parece valoroso e saudável comparado a alguns de seus imitadores que vieram depois. Na época do Natal, passávamos uns dez dias febris lidando com cartões e calendários natalícios, que são coisas tediosas de vender mas um bom negócio nessa época. Eu costumava acompanhar com interesse o cinismo brutal com que o sentimento cristão é explorado. Os vendedores das firmas de cartões de Natal faziam visitas trazendo catálogos já no mês de junho. Não me esqueço de uma frase numa das faturas. Era: "Duas dúzias. Menino Jesus com coelhos".

Mas nossa principal atividade suplementar era uma biblioteca circulante — a habitual biblioteca "dois pence, nenhum depósito", com quinhentos ou seiscentos volumes, todos de ficção. Como os ladrões de livros devem adorar essas bibliotecas! É o crime mais fácil do mundo pegar um livro emprestado numa livraria por dois pence, tirar a etiqueta e vendê-lo a outra livraria por um xelim. No entanto, os livreiros acham que vale mais a pena ter determinado número de livros roubados (costumávamos perder cerca de uma dúzia por mês) do que afugentar fregueses exigindo-lhes um depósito.

Nossa livraria ficava exatamente no limite entre Hampstead e Camden Town [noroeste de Londres], e éramos frequentados por todo tipo de gente, de baronetes a motoristas de ônibus. Talvez os assinantes da nossa biblioteca constituíssem um amplo espectro do público leitor londrino. Vale portanto observar que, de todos os autores de nossa biblioteca, o que tinha mais saída era... Priestley? Hemingway? Walpole? Wodehouse? Não. Ethel Mary Dell, com Warwick Deeping em bom segundo lugar e John Jeffrey Farnol, devo dizer, em terceiro. Os romances de Dell, claro, são lidos apenas por mulheres, mas por mulheres de todos os tipos e idades, e não, como seria de esperar, apenas por solteironas ansiosas e esposas obesas de vendedores de tabaco. Não é verdade que homens não leem romances, mas é verdade que evitam toda uma ramificação de livros de ficção. Grosso modo, o que se poderia chamar de romance mediano — o conteúdo comum, bom e ruim, aguado, à moda de John Galsworthy, que é o padrão do romance inglês — parece existir apenas para as mulheres. Homens leem romances impossíveis de respeitar ou romances policiais. É formidável o que consomem de romances policiais. Um de nossos assinantes leu quatro ou cinco romances policiais por semana ao longo de um ano, ao que parece, afora os retirados em outras bibliotecas. O que mais me surpreendeu foi que ele nunca lia o mesmo livro duas vezes. Aparentemente, o total dessa espantosa torrente literária sem valor (as páginas lidas todos os anos cobririam, se calculadas, uns trezentos metros quadrados) ficava guardado para sempre na memória. Ele não prestava atenção nos títulos nem no nome dos autores, mas era capaz de dizer, só de bater os olhos num livro, se "já o tinha".

Numa biblioteca circulante, as pessoas revelam seus gostos verdadeiros, não os pretensos, e uma coisa que impressiona é que os romancistas ingleses "clássicos" saíram por completo de moda. É simplesmente inútil incluir Dickens, Thackeray, Jane Austen, Trollope etc. numa biblioteca circulante normal; ninguém os retira. Assim que veem um romance do século XIX, dizem: "Ah, mas isto é *velharia!*", e logo saem correndo. No entanto, é sempre razoavelmente fácil *vender* Dickens, assim como é sempre fácil vender Shakespeare. Dickens é desses autores que as pessoas "sempre querem" ler e, como a Bíblia, bastante conhecidos em segunda mão. As pessoas sabem, por ouvir dizer, que Bill Sikes [de *Oliver Twist*] era um ladrão e que o sr. Wilkins Micawber [de *David Copperfield*] era calvo, assim como sabem, por ouvir dizer, que Moisés foi encontrado num cesto de vime e viu o "outro lado" de Deus. Outra coisa bastante perceptível é a crescente impopularidade dos livros americanos. E outra — os editores ficam muito aflitos com isto a cada dois ou três anos — é a impopularidade dos contos. As pessoas que pedem ao bibliotecário que escolha um livro para elas quase sempre começam dizendo: "Mas contos não", ou: "Não desejo histórias curtas", como um freguês alemão nosso costumava dizer. Quando perguntamos por quê, às vezes explicam que exige muito esforço ter de se acostumar com um novo grupo de personagens a cada história; gostam de "entrar" num romance que não exija pensar muito depois do primeiro capítulo. Acredito, porém, que a culpa cabe mais aos escritores do que aos leitores. A maioria dos contos modernos, americanos ou ingleses, é extremamente sem vida e sem valor, bem mais do que a maioria dos romances. Os contos que *contam* histórias são bastante populares, vide D. H. Lawrence, cujos contos têm a mesma popularidade de seus romances.

Será que eu gostaria de ser um livreiro *de métier*? De modo geral — apesar da gentileza de meu patrão para comigo e de alguns dias felizes que passei na livraria —, não.

Com um bom lote e um montante correto de capital, qualquer pessoa instruída seria capaz de ganhar a vida, com razoável segurança, com uma livraria. A não ser que se opte por livros "raros", não é uma profissão difícil de aprender, e começamos com grande vantagem se conhecermos algo sobre o conteúdo dos livros. (A maioria dos livreiros não conhece. Podemos perceber a limitação deles ao passar os olhos nos jornais em que anunciam suas deficiências. Se não virmos um anúncio de *Decline and fall* [*Declínio e queda*], de Boswell, decerto veremos um de *The mill on the Floss* [*O moinho no Floss*], de George Eliot.) Além disso, é uma profissão humana incapaz de ser vulgarizada para além de determinado ponto. Os trustes jamais conseguem forçar a quebra do pequeno livreiro independente, como quebram o comerciante de secos e molhados e o leiteiro. As horas de trabalho, porém, são bastante longas — eu era apenas um empregado de meio expediente, mas meu patrão trabalhava setenta horas por semana, sem contar as constantes viagens que fazia, fora do horário regular, para comprar livros —, e não é uma vida saudável. Em regra, uma livraria é terrivelmente fria no inverno, porque se for muito aquecida as vitrines se cobrem de vapor, e um livreiro vive das suas vitrines. E de todas as classes de objetos jamais inventados, livros são os que desprendem pó na maior e mais irritante quantidade, e o topo de um livro é o lugar em que todas as moscas-varejeiras preferem morrer.

Mas o verdadeiro motivo pelo qual eu não gostaria de ficar para sempre no ramo dos livros é que, enquanto estive nele, perdi o amor pelos livros. Um livreiro tem de dizer mentiras sobre livros, e isso lhe causa certa aversão a eles; pior ainda é estar tirando constantemente o pó e transportando-os de um lado para outro. Houve época em que eu adorava livros — adorava vê-los, cheirá-los, tocá-los, quer dizer, ao menos se tivessem cinquenta anos ou mais. Nada me agradava tanto quanto comprar uma batelada deles por um xelim num leilão do interior. Há um quê especial nos livros surrados e inesperados que pegamos nesse tipo de acervo: poetas menores do século XVIII, dicionários geográficos desatualizados, volumes avulsos de romances esquecidos, números encadernados de revistas femininas dos anos 1860. Para uma leitura ocasional — na banheira, por exemplo, ou tarde da noite, quando estamos cansados demais para dormir, ou nos quinze minutos ociosos antes do almoço —, nada como apanhar um exemplar antigo da *Girl's Own Paper.* Mas logo que comecei a trabalhar na livraria parei de comprar livros. Vistos aos montes, cinco ou dez mil juntos, livros eram tediosos e até um tanto enjoativos. Hoje em dia compro um de vez em quando, mas só se for um livro que quero ler e não posso tomar emprestado, e jamais compro livro velho. O doce cheiro de papel em deterioração já não me atrai. Está por demais associado em minha mente a fregueses paranoicos e moscas-varejeiras mortas.

Fortnightly, novembro de 1936.

3. Confissões de um resenhista

Num apartamento conjugado frio, mas abafado, cheio de pontas de cigarro e xícaras de chá pela metade, um homem de roupão surrado está sentado a uma mesa bamba, tentando achar espaço para a máquina de escrever entre as pilhas de papéis empoeirados que a rodeiam. Não pode jogar os papéis fora porque a cesta de lixo já está transbordando, e, além disso, em algum lugar entre as cartas não respondidas e as contas não pagas, é possível que haja um cheque no valor de dois guinéus que ele quase com certeza esqueceu de depositar no banco. Há ainda cartas com endereços que ele tem de passar para a agenda. Perdeu a agenda, e pensar em procurá-la, ou mesmo em procurar qualquer coisa, aflige-o com impulsos suicidas agudos.

É um homem de trinta e cinco anos, mas aparenta cinquenta. É calvo, tem varizes e usa óculos, ou os usaria se o único par não estivesse perdido o tempo todo. Se as coisas estiverem normais com ele, ele está sofrendo de subnutrição, mas se recentemente teve um período de sorte, está sofrendo de ressaca. No momento são onze e meia da manhã, e de acordo com os planos ele deveria ter começado a trabalhar duas horas atrás; mas mesmo que tivesse feito algum esforço sério para começar, teria se frustrado com os quase contínuos toques do telefone, os berros do bebê, o estrépito de uma perfuradora elétrica na rua e o ressoar dos sapatos pesados de seus credores subindo e descendo a escada. A interrupção mais recente foi a segunda entrega de correspondência, que lhe trouxe duas circulares e uma cobrança do imposto de renda impressa em vermelho.

Desnecessário dizer que essa pessoa é um escritor. Poderia ser um poeta, um romancista ou um escritor de roteiros para cinema ou programas de rádio, porque todos os literatos são bastante semelhantes, mas digamos que ele seja um resenhista literário. Meio escondido entre as pilhas de papéis está um opulento pacote contendo cinco volumes mandados por seu editor junto com um bilhete em que sugere que "formam um bom conjunto". Chegaram há quatro dias, mas por quarenta e oito horas a paralisia moral impediu o resenhista de abrir o pacote. Ontem, num momento de decisão, ele arrancou o barbante e constatou que os cinco volumes eram *Palestine at the cross roads* [*Palestina nas encruzilhadas*], *Scientific dairy farming* [*A fazenda de leite científica*], *A short history of European democracy* [*Breve história da democracia europeia*] (este com 680 páginas e quase dois quilos), *Tribal customs in Portuguese east Africa* [*Costumes tribais na África portuguesa do leste*] e um romance, *It's nicer lying down* [*Melhor quando deitados*], provavelmente incluído por engano. A resenha — de oitocentas palavras, digamos — tem de estar "lá" até o meio-dia de amanhã.

Três desses livros tratam de assuntos que ele desconhece de tal maneira que terá de ler ao menos cinquenta páginas, se quiser evitar algum disparate que o denuncie não só para o autor (que, é claro, conhece todos os hábitos de um resenhista) como até mesmo para o leitor em geral. Às quatro da tarde terá tirado o papel que embrulhava os livros, mas ainda estará sofrendo de uma incapacidade nervosa para abri-los. A perspectiva de precisar lê-los, e até o cheiro do papel, abala-o tanto quanto a perspectiva de comer pudim de arroz frio temperado com óleo de rícino. E no entanto, curiosamente, seu texto chegará à redação na hora. De alguma maneira sempre chega lá na hora. Por volta das nove da noite, sua cabeça estará de certa forma mais clara e até a madrugada ele ficará sentado num cômodo que se torna cada vez mais frio, enquanto a fumaça de cigarro se torna cada vez mais densa, passando habilmente de um livro para outro e pondo cada um de lado com um comentário conclusivo: "Meu Deus, que porcaria!". De manhã, com a vista inflamada, mal-humorado e barba por fazer, fitará uma folha de papel em branco por uma ou duas horas até que, assustado com o ponteiro ameaçador do relógio, entrará em ação. Então, de repente, dá-lhe um estalo. Todas as velhas frases batidas — "um livro que ninguém deve perder", "algo memorável em cada página", "de especial valor são os capítulos que abordam" etc. etc. — encaixam-se em seus lugares num salto, como limalha de ferro obedecendo ao ímã, e a resenha terminará exatamente no tamanho certo e faltando cerca de três minutos para ser despachada. Enquanto isso, outro monte de livros heterogêneos e insossos terá chegado pelo correio. E assim vai. No entanto, com que grandes esperanças essa criatura oprimida e exasperada iniciou a carreira, há apenas alguns anos.

Pareço exagerar? Pergunto a qualquer resenhista regular — qualquer um que resenhe, digamos, um mínimo de cem livros por ano — se pode afirmar com honestidade que seus hábitos e caráter não são como os que descrevi. Todo escritor é bem esse tipo de pessoa, mas a resenha de livros indiscriminada e prolongada é uma tarefa exaustiva, irritante e excepcionalmente ingrata. Envolve não só elogiar a produção sem valor — embora envolva isso, como vou mostrar daqui a pouco — como *inventar* a todo tempo reações a livros em relação aos quais não se tem nenhum sentimento espontâneo. O resenhista, conquanto possa estar embotado, é profissionalmente interessado em livros e, dos milhares que aparecem todo ano, é quase certo que existam cinquenta ou cem sobre os quais teria prazer em escrever. Se for de primeira categoria na profissão, pode conseguir dez ou vinte deles: é mais provável que consiga dois ou três. O resto de seu trabalho, por mais consciencioso que ele possa ser ao elogiar ou desaprovar, é em essência uma farsa. Ele desperdiça seu espírito imortal despejando-o na pia, meio litro por vez.

A grande maioria das resenhas oferece um relato inadequado e enganoso do livro que aborda. Desde a guerra, as editoras têm sido menos capazes do que antes de influenciar os editores dos suplementos literários e invocar um peã de louvores para cada livro que produzem, mas de outro lado o padrão da recensão caiu, devido à falta de espaço e a outros inconvenientes. Diante dos resultados, as pessoas às vezes sugerem que a solução reside em tirar a resenha de livros das mãos de escrevinhadores. Livros sobre assuntos especializados deveriam ser abordados por especialistas e, de outro lado, uma boa quantidade de resenhas, em especial de romances, poderia ser feita por amadores. Quase todo livro é capaz de provocar sentimentos apaixonados, mesmo que apenas uma aversão apaixonada, neste ou naquele leitor, cujas ideias sobre ele decerto valeriam mais do que as de um profissional entediado. Mas lamentavelmente, como todo editor sabe, é muito difícil organizar esse tipo de coisa. Na prática, o editor sempre se vê recorrendo de novo à sua equipe de escrevinhadores — os "fixos", como os chama.

Nada disso é remediável enquanto se supuser que todo livro merece ser resenhado. É quase impossível mencionar livros a granel sem enaltecer de forma grosseira a grande maioria deles. Antes de se ter algum tipo de relação profissional com livros, não se descobre quão ruim é a maioria deles. Em bem mais do que nove entre dez casos, a única crítica objetivamente verdadeira seria: "Este livro não tem mérito", enquanto a verdade sobre a reação do próprio resenhista provavelmente seria: "Este livro não me interessa de forma alguma, e não escreveria sobre ele a não ser que fosse pago para isso". O público, entretanto, não pagará para ler esse tipo de coisa. Por que deveria? O público quer algum tipo de orientação para os livros que é convidado a ler, e quer algum tipo de avaliação. Mas assim que valores são mencionados, os padrões caem. Porque se alguém diz — e quase todo resenhista diz esse tipo de coisa ao menos uma vez por semana — que *Rei Lear* é uma boa peça e *The four just men* [*Os quatro homens justos*, de Edgar Wallace] é um bom *thriller*, o que significa a palavra "bom"?

Sempre me pareceu que a melhor prática seria simplesmente ignorar a grande maioria dos livros e dedicar resenhas bastante longas — mil palavras no mínimo — aos poucos que parecem importar. Notas breves de uma ou duas linhas sobre livros a serem lançados podem ser úteis, mas a habitual resenha de tamanho médio de cerca de seiscentas palavras está destinada a ser inútil, ainda que o resenhista deseje com toda a sinceridade escrevê-la. De modo geral ele não deseja escrevê-la, e a produção de excertos semana após semana logo o reduz à figura oprimida de roupão que descrevi no início deste artigo. No entanto, todos neste mundo têm alguém que podem desprezar, e devo dizer, com base em minha experiência nas duas atividades, que o crítico de livros está numa situação melhor que a do crítico de cinema, que não pode sequer fazer seu trabalho em casa, devendo comparecer a eventos promocionais às onze da manhã, e de quem se espera, com uma ou duas exceções notáveis, que venda sua honra por um copo de xerez ordinário.

Tribune, maio de 1946; *New Republic*, agosto de 1946.

4. Bons livros ruins

Não faz muito tempo, uma editora me incumbiu de escrever a introdução para a reimpressão de um romance de Leonard Merrick. Essa editora, ao que parece, vai relançar uma série de romances menores e até certo ponto esquecidos do século XX. Trata-se de um serviço valioso nestes tempos carentes de livros, e invejo muito a pessoa cujo trabalho será vasculhar as caixas de livros, baratos, à caça de seus exemplares preferidos da meninice.

Um tipo de livro que dificilmente produzimos nos dias de hoje, mas que floresceu com enorme riqueza no fim do século XIX e início do século XX, é o que Chesterton chamou de "bom livro ruim": ou seja, o tipo de livro sem pretensões literárias, mas que continua legível depois de obras mais sérias terem perecido. Com certeza, livros notáveis nessa linha são *Raffles* [nome do ladrão "cavalheiro", personagem de uma série de romances de Ernest William Hornung] e as histórias de Sherlock Holmes, cujos lugares foram preservados, enquanto inúmeros "romances desajustados", "documentos humanos" e "denúncias terríveis" disso e daquilo caíram no merecido esquecimento. (Quem envelheceu melhor: Conan Doyle ou George Meredith?) Quase na mesma classificação coloco os primeiros contos de Richard Austin Freeman — "The singing bone" [O osso canoro] e "The eye of Osiris" [O olho de Osíris], entre outros —, *Max Carrados*, de Ernest Bramah, e, baixando um pouco o nível, o *thriller* tibetano de Guy Boothby, *Dr. Nikola*, uma espécie de versão escolar de *Travels in Tartary* [*Viagens na Tartária*], de Evariste-Regis Huc, que provavelmente faria de uma visita real à Ásia Central um anticlímax desolador.

Mas, afora *thrillers*, havia os escritores bem-humorados menores do período. Por exemplo, Pett Ridge — embora eu reconheça que seus livros já não pareçam de todo legíveis —, Edith Nesbit (*The treasure seekers* [*Os caçadores de tesouro*]), George Birmingham, que foi bom enquanto permaneceu longe da política, o pornográfico Arthur Binstead (o "Pitcher" de *Pink 'Un and the pelican* [*O rosado e o pelicano*]) e, se livros americanos podem ser incluídos, as histórias do menino Penrod, de Newton Booth Tarkington. Superior a esses era Barry Pain. Creio que ainda se encontram alguns dos escritos bem-humorados de Pain, mas, para quem topar com ele, recomendo um livro que hoje deve ser raríssimo: *The octave of Claudius* [*A oitava de Cláudio*], um brilhante exercício do macabro. De uma época um pouco posterior, houve Peter Blundell, que escreveu na veia de William Wymark Jacobs sobre cidades portuárias do Extremo Oriente e que de forma inexplicável parece bastante esquecido, apesar de ter recebido um elogio de H. G. Wells em texto publicado.

No entanto, todos os livros a que me referi são abertamente literatura de "escapismo". Constituem agradáveis refúgios em nossa memória, cantos sossegados por onde a mente pode vagar curiosa de vez em quando, mas que quase não pretendem ter algo a ver com a vida real. Existe outro tipo de bom livro ruim com intenções mais sérias que acho que nos fala alguma coisa sobre a natureza do romance e os motivos de sua decadência atual. Durante os últimos cinquenta anos, houve uma série de escritores — alguns deles continuam a escrever — que é totalmente impossível chamar de "bons" de acordo com qualquer padrão literário, mas que são romancistas genuínos e parecem alcançar sinceridade em parte por não se deixarem inibir pelo bom gosto. Nessa categoria coloco o próprio Leonard Merrick, W. L. George, John Davys Beresford, Ernest Raymond, May Sinclair e — num nível um pouco mais baixo, mas ainda essencialmente semelhante — Arthur Stuart-Menteith Hutchinson.

Muitos deles foram escritores prolíficos, com uma produção de qualidade certamente variada. Em cada caso, penso em um ou dois livros excepcionais: por exemplo, *Cynthia*, de Merrick; *A candidate for truth* [*Um candidato à verdade*], de John Davys Beresford; *Caliban*, de W. L. George; *The combined maze* [*O labirinto combinado*], de May Sinclair; e *We, the accused* [*Nós, os acusados*], de Ernest Raymond. Em cada um desses, o autor foi capaz de se identificar com os personagens que imaginou, sentir com eles e solicitar compreensão em nome deles, com uma espécie de abandono que pessoas mais hábeis teriam dificuldade de alcançar. Eles ressaltam o fato de que o refinamento intelectual pode ser uma desvantagem para um romancista, assim como seria para um comediante do teatro de variedades.

Tomemos, por exemplo, *We, the accused*, de Ernest Raymond — uma história de homicídio estranhamente sórdida e convincente, baseada talvez no caso Crippen [médico londrino que em 1910 matou a mulher, Cora Crippen]. Acho que se beneficia bastante do fato de que o autor capta apenas em parte a patética vulgaridade das pessoas sobre quem escreve e por isso não as despreza. Talvez até — como *An american tragedy* [*Uma tragédia americana*], de Theodore Dreiser — se beneficie um pouco da forma canhestra e prolixa como é escrito; detalhes se acumulam sobre detalhes, quase nem há uma só tentativa de seleção, e com isso se constrói pouco a pouco um efeito de crueldade terrível e excruciante. O mesmo ocorre em *A candidate for truth*. Nesse caso não há mesmo caráter canhestro, mas há a mesma capacidade de encarar com seriedade os problemas das pessoas comuns. O mesmo ocorre em *Cynthia* e na primeira parte de *Caliban*. Grande parte do que W. L. George escreveu eram tolices da pior qualidade, mas neste livro específico, baseado na carreira do britânico Alfred Northcliffe, conseguiu fazer algumas descrições memoráveis e verdadeiras da vida da classe média baixa de Londres. Partes do livro são provavelmente autobiográficas, e uma das vantagens dos bons escritores ruins é não terem vergonha de escrever autobiografia. O exibicionismo e a autocomiseração são as perdições do romancista, mas se ele tiver muito medo disso o talento criativo pode sofrer.

A existência da boa literatura ruim — o fato de podermos nos entreter, ficar irrequietos ou mesmo emocionados com um livro que nosso intelecto simplesmente se recusa a levar a sério — é um lembrete de que arte não é a mesma coisa que cerebração. Imagino que, por qualquer critério que se possa conceber, Carlyle seria considerado mais inteligente do que Trollope. No entanto Trollope continua legível, e Carlyle não: apesar de toda a sua engenhosidade, não teve sequer a perspicácia de escrever num inglês direto e de fácil compreensão. Nos romancistas, quase tanto quanto nos poetas, é difícil identificar a ligação entre inteligência e força criativa. Um bom romancista pode ser um prodígio de autodisciplina como Flaubert ou um intelectual disperso como Dickens. Talento suficiente para originar dezenas de escritores comuns foi despejado nos pretensos romances de Wyndham Lewis, por exemplo *Tarr* ou *Snooty baronet* [*O baronete arrogante*]. No entanto, exigiria um esforço enorme ler um desses livros do começo ao fim. Falta-lhes uma qualidade indefinível, uma espécie de vitamina literária que existe até num livro como *If winter comes* [*Se o inverno chegar*, de Hutchinson].

Talvez o exemplo máximo do bom livro ruim seja *A cabana do pai Tomás* [de Harriet Beecher Stowe]. É um livro risível sem essa intenção, cheio de incidentes melodramáticos absurdos; é também profundamente emocionante e essencialmente verdadeiro; difícil dizer qual qualidade pesa mais do que a outra. Mas *A cabana do pai Tomás* tenta, afinal, ser sério e tratar do mundo real. Que tal os escritores francamente escapistas, os fornecedores de sensações fortes e humor "leve"? Que tal *Sherlock Holmes*, *Vice-versa* [de F. Anstey], *Drácula* [de Bram Stoker], *Helen's babies* [de John Habberton] ou *As minas do rei Salomão* [de Henry Rider Haggard]? São todos livros absurdos, é indiscutível, livros que nos predispõem a caçoar deles, e não a nos entreter com eles, e que mal foram levados a sério mesmo pelos autores; mas sobreviveram e talvez continuem a sobreviver. Tudo o que podemos dizer é que, enquanto a civilização permanecer de tal forma que precisemos de distração de vez em quando, a literatura "leve" tem lugar reservado; e também podemos dizer que existe a pura habilidade, ou graça inata, que pode ter mais valor de sobrevivência do que a erudição ou o poder intelectual. Existem canções do teatro de variedades que são poemas melhores do que a quase totalidade do conteúdo que integra as antologias:

Vem pra onde beber custa quase nada,
Vem pra onde a caneca é quase uma tina,
Vem pra onde o patrão é mais camarada,
*Vem pro bar que fica logo ali na esquina!**

* *Come where the booze is cheaper,/ Come where the pots hold more,/ Come where the boss is a bit of a sport,/ Come to the pub next door!* (N. T.)

Ou também:

Dois olhos bem roxinhos —
Oh, mas que maçada!
Só por falar com a pessoa errada,
Dois olhos bem roxinhos! *

Eu preferiria ter escrito um desses versos a, digamos, "The blessed damozel" [A donzela abençoada, de Dante Gabriel Rossetti] ou "Love in the valley" [Amor no vale, de George Meredith]. E como prova do que digo, aposto que *A cabana do pai Tomás* sobreviverá às obras completas de Virginia Woolf ou de George Moore, embora não conheça critério estritamente literário que mostre onde reside a superioridade.

Tribune, novembro de 1945.

* *Two lovely black eyes —/ Oh, what a surprise!/ Only for calling another man wrong,/ Two lovely black eyes!* (N. T.)

PARTE 2

A memória da política

1. Um enforcamento

Foi na Birmânia, numa manhã encharcada pelas chuvas. Uma luz pálida, como papel estanhado amarelo, incidia de viés nos muros elevados do pátio da prisão. Aguardávamos do lado de fora das celas dos condenados, uma fileira de barracões providos de barras duplas, iguais a pequenas jaulas para animais. Cada cela media cerca de três metros quadrados e estava praticamente vazia, com exceção de uma cama de tábuas e uma jarra de água potável. Em algumas delas, homens morenos estavam em silêncio, de cócoras, em frente das barras internas, envoltos em cobertores. Eram os condenados, que deveriam ser enforcados dali a uma ou duas semanas.

Um prisioneiro fora tirado da cela. Um hindu, um homenzinho franzino de cabeça raspada e olhos brilhantes vagos. Tinha um bigode espesso e hirsuto, absurdamente grande em relação ao corpo, que lembrava muito o bigode de um cômico de cinema. Seis guardas indianos avantajados o vigiavam e o preparavam para o cadafalso. Dois se postavam de lado com espingardas e baionetas adaptadas, enquanto os outros o algemavam, introduziam uma corrente entre as algemas e a prendiam ao cinto, atando-lhe os braços bem apertados junto à lateral do corpo. Acercavam-se dele bem de perto, sempre com as mãos nele, tocando-o com cautela e afago, como se durante todo o tempo o apalpassem para se certificar de que ele estava presente. Como quem pega um peixe ainda vivo que pode saltar de volta para a água. Mas ele se manteve bastante submisso, rendendo os braços frouxos às cordas, como se mal notasse o que estava acontecendo.

Quando deu oito horas, um toque de corneta, desoladamente débil no ar úmido, flutuou do quartel distante. O superintendente da prisão, que estava distante de nós, a cutucar, taciturno, os cascalhos do chão com a bengala, ergueu a cabeça ao ouvir o toque. Era um médico militar, com um bigode grisalho espetado e uma voz rouca.

"Francis, apresse-se, pelo amor de Deus", disse, irritado. "A esta hora o homem já deveria estar morto. Ainda não estão preparados?"

Francis, o carcereiro-chefe, um dravidiano gordo de roupa de dril e óculos dourados, acenou com a mão negra.

"Sim senhor, sim senhor", murmurou. "Tudo está preparado satisfatoriamente. O carrasco está esperando. Prosseguiremos."

"Pois então marchem depressa. Os prisioneiros não terão café da manhã antes de terminar este serviço."

Seguimos para o cadafalso. Dois carcereiros de cada lado do prisioneiro, os fuzis inclinados; dois outros caminhavam muito próximos dele, agarrando-o pelo braço e pelo ombro, como se ao mesmo tempo o empurrassem e apoiassem. O restante de nós, juízes e outros mais, seguia atrás. De repente, quando tínhamos avançado dez metros, a fileira estacou sem nenhuma ordem ou aviso. Uma coisa espantosa acontecera — um cão, vindo só Deus sabe de onde, aparecera no pátio. Veio saltando entre nós com uma rajada de latidos altos e pulava a nossa volta sacudindo o corpo inteiro, numa alegria impetuosa por ter encontrado tantos seres humanos juntos. Era um cão peludo grande, metade *airedale*, metade vira-lata. Por um momento saltitou em torno de nós, depois, antes que alguém o detivesse, correu na direção do prisioneiro e, aos saltos, tentou lamber-lhe o rosto. Todos ficaram pasmos, demasiado surpresos até para agarrar o cão.

"Quem deixou este maldito animal entrar aqui?", perguntou o superintendente, irritado. "Que alguém o apanhe!"

Um guarda, separado da escolta, correu desajeitado atrás do cão, mas este dançava e pulava fora de seu alcance, tomando tudo como parte da brincadeira. Um jovem carcereiro eurasiano pegou um punhado de cascalho e tentou afugentar o cão, porém este se esquivou das pedras e tornou a se aproximar de nós. Seus latidos ecoavam das paredes do presídio. O prisioneiro, sob o domínio dos dois guardas, olhava com indiferença, como se aquilo fosse outra formalidade do enforcamento. Transcorreram alguns minutos até que alguém conseguisse capturar o cão. Depois passamos meu lenço de bolso pela coleira e prosseguimos mais uma vez, o cão ainda a nos solicitar e a choramingar.

O cadafalso ficava a uns cinquenta metros. Observei as costas morenas e desnudas do prisioneiro, que caminhava na frente. Andava desajeitadamente com os braços amarrados, mas com bastante firmeza, com aquele modo bamboleado de andar dos indianos, que nunca endireitam os joelhos. A cada passo os músculos deslizavam de volta ao lugar, os cachos de cabelo sobre o couro cabeludo subiam e desciam numa dança, os pés se imprimiam no cascalho molhado. E uma vez, apesar dos homens que lhe agarravam cada ombro, pisou ligeiramente de lado para desviar de uma poça d'água no caminho.

É curioso, mas até aquele momento eu jamais me dera conta do que significava matar um homem saudável e consciente. Quando vi o prisioneiro pisar de lado para desviar da poça d'água, percebi o mistério, a injustiça execrável de interromper uma vida no auge. Aquele homem não estava agonizando, estava tão vivo quanto nós. Todos os órgãos de seu corpo funcionavam — os intestinos digeriam o alimento, a pele se renovava, as unhas cresciam, tecidos se formavam —, todos trabalhavam duro numa solene sandice. As unhas continuariam a crescer quando ele estivesse no alçapão, quando estivesse caindo no ar com um décimo de segundo para viver. Os olhos tinham visto o cascalho amarelo e as paredes cinzentas, e o cérebro ainda se lembraria, anteveria, pensaria — pensaria até sobre poças d'água. Ele e nós éramos um grupo de homens caminhando juntos, vendo, ouvindo, sentindo, percebendo o mesmo mundo; e em dois minutos, com um estalo súbito, um de nós partiria — uma mente a menos, um mundo a menos.

O cadafalso ficava num pequeno pátio, separado da área principal da prisão, invadido por ervas daninhas espinhentas e altas. Era uma construção de tijolos semelhante a um barracão de três lados, com tábuas de madeira no alto e, acima delas, duas vigas e uma barra transversal, de onde pendia a corda. O carrasco, um sentenciado de cabelo grisalho que trajava o uniforme branco da prisão, aguardava ao lado da máquina. Ele nos cumprimentou com uma mesura servil quando entramos. Obedecendo a uma palavra de Francis, os dois soldados agarraram o prisioneiro com mais proximidade ainda, meio que conduziram, meio que empurraram o homem para o cadafalso e o ajudaram a subir cambaleante a escada. Depois o carrasco subiu e fixou a corda em volta do pescoço do prisioneiro.

Nós esperamos, a uma distância de cinco metros. Os soldados formaram um círculo desigual em redor do cadafalso. E então, quando o laço foi fixado, o prisioneiro começou a clamar por seu deus. Era um clamor alto e reiterado de "Ram! Ram! Ram! Ram!", não urgente e terrível como uma oração ou um grito de socorro, porém regular, ritmado, quase como o dobrar de um sino. O cão respondia ao som com um uivo. O carrasco, ainda parado no cadafalso, tirou um pequeno saco de algodão, semelhante a um saco de farinha, e o enfiou na cabeça do prisioneiro. Mas o som, abafado pelo tecido, ainda persistia, repetidamente: "Ram! Ram! Ram! Ram!".

O carrasco desceu e se pôs de prontidão, segurando a alavanca. Parecia que minutos haviam se passado. O brado regular e abafado do prisioneiro continuava sem cessar: "Ram! Ram! Ram! Ram!", jamais vacilando nem por um instante. O superintendente, a cabeça inclinada sobre o peito, cutucava devagar o chão com a bengala; talvez contasse os gritos, permitindo ao prisioneiro um número fixo — cinquenta, talvez, ou cem. Todos tinham mudado de cor. Os indianos ficaram cinza, como café ruim, e uma ou duas baionetas tremiam. Olhávamos para o homem amarrado e encapuzado no alçapão e ouvíamos os brados — cada brado outro segundo de vida; o mesmo pensamento ocorria a todos nós: oh, mate-o depressa, acabe com isso, pare esse barulho abominável!

De repente o superintendente tomou uma decisão. Erguendo a cabeça, fez um movimento veloz com a bengala. "*Xalo!*", gritou, quase com fúria.

Soou um tinido, ao qual se seguiu um silêncio profundo. O prisioneiro desaparecera, e a corda volteava. Soltei o cão, e ele galopou de imediato para trás do cadafalso; mas quando chegou lá estacou, latiu e se retirou para um canto do pátio, onde ficou entre as ervas daninhas, olhando para nós com temor. Demos a volta no cadafalso para inspecionar o corpo do prisioneiro. Ele pendia com os dedos dos pés apontados para baixo, girando muito devagar, bem morto.

O superintendente estendeu a bengala e cutucou o corpo, que oscilou de leve.

"Ele está bem", disse o superintendente. Saiu de baixo do cadafalso e soltou um suspiro profundo. O ar taciturno sumiu de repente de seu rosto. Ele consultou o relógio de pulso. "São oito e oito. Bom, por esta manhã é só, graças a Deus."

Os guardas removeram as baionetas e se afastaram marchando. O cão, sóbrio e ciente de que havia se comportado mal, seguiu-os furtivamente. Saímos do pátio do cadafalso, passamos pelas celas que alojavam os prisioneiros à espera da execução, até chegarmos ao grande pátio central da prisão. Os sentenciados, sob o comando de soldados armados com porretes, já recebiam a refeição da manhã. Acocorados em longas filas, cada homem segurava uma panelinha de lata, enquanto dois soldados com baldes caminhavam enchendo cada uma com conchas de arroz; parecia uma cena bastante doméstica e alegre após o enforcamento. Sentíamos um grande alívio depois de a tarefa ter sido cumprida. Cada um de nós tinha o impulso de cantar, sair correndo, rir um riso contido. De repente todo mundo começou a conversar animadamente.

O rapaz eurasiano que caminhava a meu lado indicou com um sinal de cabeça o caminho pelo qual tínhamos vindo, dando um sorriso astuto:

"Sabe, senhor, o nosso amigo", referia-se ao homem morto, "quando soube que a apelação dele tinha sido negada, mijou no chão da cela. De medo. Por favor, senhor, aceite um dos meus cigarros. O senhor não gosta da minha nova cigarreira de prata? Comprei do sujeito que vende caixas, duas rupias e oito anás. Estilo europeu de primeira."

Várias pessoas riram — de quê, ninguém parecia ter certeza.

Francis caminhava ao lado do superintendente, a tagarelar.

"Bem, senhor, tudo correu da maneira mais satisfatória. Tudo terminou assim... de estalo! Não é sempre assim, ah, não! Soube de casos em que o médico foi obrigado a entrar debaixo do cadafalso e puxar as pernas do prisioneiro para garantir a morte. Muito desagradável!”

“Querendo se safar, é? Isto é ruim”, retrucou o superintendente.

“Ah, senhor, é pior quando resistem! Eu me lembro de um homem que se agarrou nas barras da cela quando fomos tirá-lo de lá. O senhor não vai nem acreditar, mas foi preciso seis soldados para desalojá-lo, três puxando cada perna. Dialogamos com ele. ‘Meu bom camarada’, dissemos, ‘pense na dor toda e no trabalho que está nos dando!’ Mas não, ele não escutava! Ah, ele foi muito difícil!”

Dei-me conta de que estava rindo bem alto. Todo mundo estava rindo. Até o superintendente deu um sorriso largo e tolerante.

“É melhor que vocês venham tomar um trago”, disse ele, com muita cordialidade. “Tenho uma garrafa de uísque no carro. Vai nos fazer bem.”

Passamos pelos enormes portões duplos da prisão e saímos para a rua.

“Puxando as pernas dele!”, exclamou de repente um juiz birmanês, soltando um riso alto. Nós começamos a rir de novo. Naquele momento, a anedota de Francis pareceu extraordinariamente engraçada. Tomamos um trago juntos, nativos e europeus, muito amigáveis. O morto estava a uma distância de cem metros.

Adelphi, agosto de 1931; *New Savoy*, 1946.

2. O abate de um elefante

Em Moulmein, na Baixa Birmânia, eu era detestado por um grande número de pessoas — a única vez na vida que fui importante o suficiente para isso acontecer comigo. Eu era policial de subdivisão na cidade, e, de maneira mesquinha e aleatória, o sentimento antieuropeu era bastante acrimonioso. Ninguém tinha coragem de se amotinar, mas se uma mulher europeia andasse pelos bazares sozinha alguém provavelmente lhe cuspiria suco de bétel no vestido. Como policial, eu era um alvo óbvio, importunado toda vez que podiam fazer isso com segurança. Quando um birmanês ágil me passou uma rasteira no campo de futebol e o juiz (outro birmanês) desviou o olhar, a multidão explodiu numa gargalhada revoltante. Isso aconteceu mais de uma vez. No fim os rostos amarelos e sarcásticos dos jovens que me encaravam em toda parte, os insultos que gritavam para mim quando eu me achava a uma distância segura, tudo me dava nos nervos. Os jovens sacerdotes budistas eram os piores. Havia milhares deles na cidade, e davam a impressão de que nada tinham a fazer a não ser ficar parados nas esquinas zombando dos europeus.

Tudo isso era desconcertante e perturbador, porque naquela época eu já tinha concluído que o imperialismo era algo maligno e que quanto antes eu renunciasse ao emprego e saísse dali, tanto melhor. Na teoria — e, claro, no íntimo — eu era a favor dos birmaneses e contra os opressores, os britânicos. Quanto ao trabalho, eu o detestava mais profundamente do que talvez seja capaz de expressar. Os infelizes prisioneiros que se comprimiam nas fétidas celas das prisões, os rostos pardos e assustados dos condenados a longo prazo, os traseiros marcados com cicatrizes dos homens açoitados com bambus — tudo isso me oprimia com uma sensação de culpa insuportável. Mas eu não conseguia ver as coisas com discernimento. Era jovem, mal informado e tinha de pensar em meus problemas no silêncio total imposto a todo inglês no Oriente. Nem sequer sabia que o Império Britânico estava agonizando, muito menos que era bem melhor do que impérios mais recentes que caminhavam para substituí-lo. Sabia apenas que estava empatado entre o ódio pelo império que eu servia e minha ira contra os brutos perversos que tentavam tornar meu trabalho impossível. Com um lado da cabeça, eu pensava que a soberania britânica era uma tirania inquebrantável, algo imposto, *in saecula saeculorum*, contra a vontade dos povos humilhados; com o outro lado, pensava que o maior prazer do mundo seria enterrar uma baioneta nas entranhas dos sacerdotes budistas. Sentimentos como esses são consequências normais do imperialismo; pergunte a qualquer oficial anglo-indiano, se encontrar um de folga.

Um dia aconteceu uma coisa que, de maneira indireta, foi esclarecedora. Um incidente insignificante, mas que me deu uma ideia melhor da verdadeira natureza do imperialismo — dos verdadeiros motivos pelos quais governos despóticos agem. Numa manhã bem cedinho, o subinspetor de uma delegacia do outro lado da cidade me telefonou para dizer que um elefante estava destruindo um bazar. Poderia eu ir até lá e fazer alguma coisa? Eu não sabia o que poderia fazer, mas, querendo verificar o que acontecia, montei num pônei e rumei para lá. Levei comigo meu fuzil, um velho Winchester calibre quarenta e quatro, muito pequeno para matar um elefante, mas achei que o barulho seria útil *in terrorem*. Vários birmaneses me pararam no caminho e me contaram sobre as ações do elefante. Não era, claro, um elefante selvagem, e sim um elefante domesticado "enfurecido". Havia sido acorrentado, como sempre ocorre com elefantes domesticados quando estão prestes a se enfurecer, porém na noite anterior arrebentara as correntes e escapara. Seu condutor, a única pessoa capaz de dominá-lo naquele estado, saíra em sua busca, mas havia seguido na direção errada e agora se achava a uma distância de doze horas de jornada, e de manhã o elefante reaparecera de repente na cidade. A população birmanesa não possuía armas e estava indefesa. Ele já havia destruído uma choupana de bambu, matado uma vaca, atacado uma barraca de frutas e devorado todo o seu estoque; havia ainda topado com a caminhonete coletora de lixo e, depois de o motorista saltar para fora e sair correndo, tombara a caminhonete e a golpeara com violência.

O subinspetor birmanês e alguns guardas indianos me esperavam no bairro em que o elefante fora visto. Era um bairro bastante pobre, um labirinto de choupanas de bambu miseráveis, cobertas com folhas de palmeira, que serpenteavam numa encosta íngreme. Lembro-me de que era uma manhã saturada de nuvens no princípio das chuvas. Começamos a perguntar às pessoas para onde o elefante havia ido e, como de costume, não obtivemos nenhuma informação clara. Isso é o que invariavelmente ocorre no Oriente; uma história sempre parece clara a distância, mas quanto mais nos aproximamos do lugar dos acontecimentos, mais vaga ela vai ficando. Algumas pessoas disseram que o elefante havia ido numa direção, outras disseram que havia ido em outra, algumas afirmaram não ter sequer ouvido falar de um elefante. Eu estava quase chegando à conclusão de que a história toda não passava de uma grande mentira, quando ouvimos gritos não muito longe dali. Soou um berro escandalizado e alto de "Saia daqui, menino! Vá embora já!", e uma velha de chicote na mão surgiu dando a volta no canto de uma choupana, a enxotar furiosa um bando de crianças nuas. Outras mulheres apareceram, estalando a língua e vociferando; sem dúvida havia alguma coisa lá que as crianças não deveriam ver. Dei a volta no canto da choupana e vi o corpo de um homem morto estendido no barro. Era um indiano, um cule dravidiano pardo, quase nu, morto não mais do que alguns minutos antes. As pessoas disseram que o elefante o atacara de surpresa no canto da choupana, pegara-o com a tromba, pusera a pata sobre suas costas e o prensara contra o chão. Era a estação das chuvas, a terra estava fofa, e o rosto dele abrira uma vala de uns trinta centímetros de profundidade, e o corpo, uma de uns dois metros de comprimento. Estava de bruços, com os braços abertos, a cabeça bruscamente virada para o lado. O rosto estava coberto de barro, os olhos arregalados, os dentes arreganhados, com uma expressão de agonia insuportável. (A propósito, nunca me diga que um morto parecia tranquilo. A maioria dos cadáveres que vi parecia diabólica.) A fricção da pata do enorme animal arrancara a pele das costas do homem de forma tão perfeita como se tira a pele de um coelho. Assim que vi o morto, mandei um ordenança à casa de um amigo para tomar emprestado um fuzil capaz de abater um elefante. Eu já tinha enviado o pônei de volta, por não querer que enlouquecesse de medo e me derrubasse caso farejasse o elefante.

O ordenança voltou dali a alguns minutos com um fuzil e cinco cartuchos. Nesse ínterim, alguns birmaneses haviam chegado, contando-nos que o elefante estava nos arrozais, a apenas uns cem metros dali. Quando comecei a caminhar, praticamente todos os habitantes do bairro saíram aos bandos das casas e me seguiram. Tinham visto o fuzil e gritavam com alvoroço que eu abateria o elefante. Não tinham mostrado muito interesse no elefante quando ele estava apenas destruindo as casas, mas agora que seria abatido era diferente. Significava um pouco de diversão para eles, como seria para uma multidão de ingleses; além disso, queriam a carne. Isso me deixou um tanto preocupado. Não tinha a intenção de abater o elefante — só pedi que buscassem o fuzil para me defender, se necessário —, e é sempre enervante ter uma multidão seguindo a gente. Desci a colina, parecendo e me sentindo um bobo, com o fuzil no ombro e o bando cada vez maior de pessoas acotoveladas atrás de mim. Na base da colina, depois de as choupanas terem ficado para trás, havia uma estrada de cascalhos, e mais adiante, um terreno lodoso de arrozais que se estendia por uns mil metros, ainda não arado, mas encharcado com os primeiros aguaceiros e pontilhado de capins grosseiros. O elefante estava a uns oitenta metros da estrada, o lado esquerdo voltado para nós. Não prestou a menor atenção na chegada da multidão. Arrancava punhados de capim, batia-os contra os joelhos para limpá-los e os enfiava na boca.

Eu tinha parado na estrada. Assim que vi o elefante, tive certeza absoluta de que não deveria abatê-lo. É uma coisa grave matar um elefante que trabalha — comparável a destruir uma maquinaria enorme e cara —, e era evidente que não se devia fazer isso, caso se pudesse evitar. E daquela distância, comendo pacificamente, o elefante não parecia mais perigoso do que uma vaca. Pensei no momento, e penso hoje, que seu ataque de "fúria" já estava passando; nesse caso, apenas andaria a esmo, inofensivo, até o condutor voltar e pegá-lo. Além do mais, eu não queria de modo algum abatê-lo. Resolvi observá-lo um pouco, até ter certeza de que não se enfureceria de novo, e depois voltaria para casa.

Naquele momento, porém, olhei para a multidão que havia me seguido. Era um mundo de gente, no mínimo duas mil pessoas, e aumentando a cada minuto. Bloqueava a estrada dos dois lados por uma longa distância. Olhei para os rostos amarelos acima das roupas vistosas — rostos felizes e agitados com aquele pouco de diversão, todos certos de que o elefante seria abatido. Observavam-me como observariam um feiticeiro prestes a fazer algum truque. Não gostavam de mim, mas com o fuzil mágico nas mãos eu merecia por um instante ser observado. E de repente me dei conta de que deveria afinal abater o elefante. Esperavam isso de mim, e teria de fazê-lo; podia sentir as duas mil vontades me apressando de forma irresistível. E foi naquele momento, parado com o fuzil nas mãos, que compreendi pela primeira vez o vazio, a futilidade do domínio dos brancos no Oriente. Ali estava eu, o branco com uma arma de fogo, diante de uma multidão de nativos desarmados — aparentemente o ator principal da cena, mas na realidade apenas um fantoche absurdo empurrado de um lado para outro pela vontade daqueles rostos amarelos atrás de mim. Entendi naquele momento que quando o branco se torna tirano é sua própria liberdade que ele destrói. Transforma-se numa espécie de boneco oco e presunçoso, a figura convencionada de um saíbe. Porque é a condição de seu poder que passe a vida tentando impressionar os "nativos", e assim, em todas as crises, terá de fazer o que os "nativos" esperam dele. Ele usa uma máscara, e seu rosto se ajusta a ela. Eu tinha de abater o elefante. Comprometi-me a fazê-lo quando mandei buscar o fuzil. Um saíbe tem de agir como um saíbe; tem de parecer resoluto, saber o que quer e definir coisas. Ter chegado até ali, fuzil na mão, com duas mil pessoas caminhando atrás de mim, e depois recuar frouxamente, nada tendo feito — não, isso era impossível. A multidão zombaria de mim. E minha vida inteira, a vida de todos os brancos no Oriente, era um longo esforço do qual não se devia zombar.

Mas eu não queria abater o elefante. Observava-o bater os

feixes de capim contra os joelhos, com aquele ar de avó preocupada que os elefantes têm. A mim parecia um assassínio abatê-lo. Naquela idade, eu não tinha escrúpulos em matar animais, porém nunca havia abatido um elefante e nunca o desejara. (De certa forma sempre parece pior matar um animal *grande*.) Além disso, havia que levar em consideração o dono do animal. Vivo, o elefante valia no mínimo cem libras esterlinas; morto, teria apenas o valor das presas — cinco libras esterlinas, possivelmente. No entanto eu precisava agir rápido. Virei-me para uns birmaneses aparentemente experientes que estavam lá quando cheguei e perguntei como o elefante havia se comportado. Todos responderam a mesma coisa: não prestaria atenção na gente se o deixássemos em paz, mas atacaria se chegássemos muito perto.

Ficou bastante claro para mim o que eu deveria fazer. Deveria me aproximar do elefante a uma distância, digamos, de vinte e cinco metros e pôr à prova seu comportamento. Se atacasse, eu poderia atirar. Se não prestasse atenção em mim, seria seguro deixá-lo até o condutor voltar. Porém eu também sabia que não faria isso. Era pouco hábil com um fuzil, e o chão era de um barro mole em que se afundava a cada passo. Se o elefante atacasse e eu errasse o alvo, teria a mesma oportunidade de escapar que um sapo debaixo de um rolo compressor. Mesmo assim não pensava na minha pele em especial, só nos rostos amarelos atentos atrás de mim. Porque naquele momento, com a multidão a me observar, não sentia um medo comum, como sentiria se estivesse sozinho. Um branco não deve demonstrar medo na frente dos "nativos"; e assim, em geral, não tem medo. O único pensamento em minha cabeça era que, se algo desse errado, aqueles dois mil birmaneses me veriam perseguido, pego, esmagado e reduzido a um cadáver de dentes arreganhados como aquele indiano no topo da colina. E, se isso acontecesse, seria bem provável que alguns deles rissem. Isso não seria bom. Havia apenas uma alternativa. Meti os cartuchos no depósito do fuzil e me deitei na estrada para poder mirar melhor.

A multidão se imobilizou, e inúmeras gargantas soltaram um suspiro profundo, baixo e feliz, como de pessoas que veem a cortina do teatro enfim se erguer. Teriam afinal um pouco de diversão. O fuzil era um belo objeto alemão com ponto de mira de retículo de fios cruzados. Naquele momento eu não sabia que, ao abater um elefante, deve-se atirar para cortar uma barra imaginária que vai de um ouvido a outro. Deveria, portanto, uma vez que o elefante estava de lado, ter mirado o ouvido; na verdade mirei vários centímetros à frente dele, achando que o cérebro estaria mais adiante.

Quando puxei o gatilho, não ouvi o estrondo nem senti o coice — nunca se sente quando se atinge o alvo —, mas ouvi o barulho infernal de alegria que estourou da multidão. Naquele instante, num espaço de tempo bem curto, mesmo para um projétil chegar lá, uma mudança misteriosa e terrível se deu no elefante. Ele não se agitou nem tombou, mas cada traço de seu corpo se alterou. Parecia de repente ferido, contraído, extremamente velho, como se o espantoso impacto do projétil o tivesse paralisado sem derrubar. Por fim, depois do que pareceu muito tempo — devem ter sido uns cinco segundos —, ele cedeu, fraco, sobre os joelhos. A boca babou. Uma enorme senilidade pareceu tomar conta dele. Era possível imaginá-lo com mil anos de idade. Atirei de novo no mesmo ponto. No segundo tiro, ele não caiu, mas se firmou com desesperada lentidão sobre as patas e se manteve de pé, combalido, as pernas fraquejando e a cabeça pendendo. Atirei uma terceira vez. Foi o tiro de misericórdia. Era possível ver a agonia sacudir-lhe o corpo inteiro e arrancar-lhe das pernas o último resquício de força. Mas ao tombar pareceu por um momento que se levantava, porque, quando as pernas traseiras cederam, ele deu a impressão de se elevar como uma enorme pedra, a tromba erguendo-se em direção ao céu como uma árvore. Ele barriu, pela primeira e última vez. E em seguida caiu, a barriga voltada para mim, com um estrondo que pareceu estremecer até mesmo o chão em que eu estava deitado.

Levantei-me. Os birmaneses já passavam correndo pelo barro. Era evidente que o elefante jamais voltaria a se erguer, mas não estava morto. Respirava de forma cadenciada, com longos arquejos estrondosos, o volumoso flanco a se expandir e retrair dolorosamente. A boca estava escancarada — pude enxergar em seu interior cavernas de uma garganta rosa-claro. Esperei um longo tempo que ele morresse, mas a respiração não enfraquecia. Por fim disparei os dois projéteis restantes no ponto em que pensei que o coração deveria estar. O sangue grosso jorrou dele como veludo vermelho, e ainda assim ele não morreu. O corpo nem sequer se contraiu quando os projéteis o atingiram, a respiração torturada prosseguiu sem uma pausa. Estava morrendo, muito devagar e numa grande agonia, porém em algum mundo distante de mim em que nem mesmo um projétil poderia mais lhe fazer mal. Senti que tinha de pôr um fim àquele barulho medonho. A mim parecia horrendo ver um animal enorme deitado lá, sem forças para se mexer e no entanto sem forças para morrer, sem que eu fosse capaz de matá-lo. Mandei buscar meu fuzil pequeno e despejei projétil atrás de projétil em seu coração e em sua garganta. Pareceram não ter efeito. Os arquejos torturados continuaram com a mesma regularidade de um ponteiro de relógio.

No fim não consegui suportar mais e fui embora. Soube depois que levou meia hora para ele morrer. Os birmaneses chegaram com *dah* e cestas antes mesmo de eu ir, e me contaram que, à tarde, tinham pelado o corpo quase até os ossos.

Depois, claro, houve discussões intermináveis sobre o abate do elefante. O dono ficou furioso, mas era apenas um indiano e nada podia fazer. Além do mais, legalmente eu fizera a coisa certa, pois um elefante furioso deve ser morto, como um cão raivoso, se o dono não o controlar. Entre os europeus, a opinião se dividiu. Os mais velhos disseram que eu estava certo, os mais jovens, que era uma lástima terrível abater um elefante por ele ter matado um cule, porque um elefante vale bem mais do que um maldito cule de Coringhee. E mais tarde fiquei contente de que o cule estivesse morto; fornecia-me a razão legal e pretexto suficiente para que eu tivesse abatido o elefante. Muitas vezes me perguntei se alguém percebeu que fiz o que fiz unicamente para evitar parecer um bobo.

New Writing, 1936; *Penguin New Writing*,
novembro de 1940.

3. Reflexões sobre Gandhi

Santos devem ser considerados culpados até que se prove sua inocência, mas claro que os critérios utilizados não são os mesmos em todos os casos. No caso de Gandhi, as perguntas que nos sentimos propensos a fazer são: em que medida Gandhi foi movido pela vaidade — pela consciência de si mesmo como um velho humilde, despojado, sentado num tapete de orações e a estremecer impérios por meio do puro poder espiritual — e em que medida comprometeu seus princípios ao entrar para a política, cuja natureza é inseparável da coerção e da impostura? Para oferecer uma resposta definitiva, temos de estudar as ações e os escritos de Gandhi com muita minúcia, pois sua vida inteira foi uma espécie de peregrinação em que cada ação foi significativa. Mas esta autobiografia parcial, que termina nos anos de 1920, é um forte indício a seu favor, ainda mais porque abrange o que ele chamaria de parte impenitente de sua vida e nos lembra que no íntimo do santo, ou do quase santo, havia uma pessoa bastante astuta e capaz, que, se tivesse desejado, poderia ter tido um sucesso extraordinário como advogado, administrador ou talvez até mesmo como homem de negócios.

Mais ou menos na época em que a autobiografia* foi publicada pela primeira vez, lembro-me de ter lido os primeiros capítulos nas páginas mal impressas de algum jornal indiano. Causaram-me boa impressão, o que o próprio Gandhi, na época, não causou. As coisas que associávamos a ele — tecido de fio cru, "forças da alma" e vegetarianismo — não eram atraentes, e seu projeto medievalista obviamente não era viável num país superpovoado, faminto e retrógrado. Era também patente que os britânicos se serviam dele, ou pensavam fazê-lo. Estritamente falando, como nacionalista, ele era um inimigo, mas uma vez que a cada crise se empenhava para impedir a violência — o que, do ponto de vista britânico, significava impedir qualquer ação efetiva —, podiam considerá-lo "nosso homem". Em segredo, às vezes se admitia isso com cinismo. A atitude dos milionários indianos era semelhante. Gandhi os exortou a se arrependerem, e claro que o preferiram ao socialismo e ao comunismo, os quais lhes tomariam o dinheiro se tivessem a oportunidade. É duvidoso até que ponto essas dissimulações são confiáveis no final das contas; como o próprio Gandhi diz, "no fim impostores logram apenas a si mesmos"; mas de qualquer maneira a cortesia com que quase sempre o trataram se deveu em parte à impressão de que ele era útil. Os conservadores britânicos só se irritaram realmente com ele quando, em 1942, estava na prática dirigindo a não violência contra um conquistador diferente.

Mas mesmo na época pude perceber que os oficiais britânicos que se referiam a ele com um misto de entusiasmo e desaprovação também gostavam dele e o admiravam, até certo ponto. Nun-

* *The story of my experiments in truth* [*A história de meus experimentos com a verdade*], de Mohandas Karamchand Gandhi, traduzido do guzerate para o inglês por Mahadev Desai. (N. E.)

ca ninguém sugeriu que fosse corrupto ou ambicioso de alguma forma vulgar, ou que tudo o que fazia fosse movido por temor ou astúcia. Ao julgarmos um homem como Gandhi, parece que instintivamente empregamos critérios rigorosos, de maneira que algumas de suas virtudes passaram quase despercebidas. Para dar um exemplo, fica claro, mesmo na autobiografia, que sua coragem física natural era excepcional: o modo como sua morte ocorreu foi, mais tarde, uma ilustração disso, porque um homem público que se vinculasse a qualquer ideal teria sido mais prudente. Por outro lado, parece que foi totalmente isento da desconfiança maníaca que, como E. M. Forster de forma muito acertada diz em *Uma passagem para a Índia*, é o vício costumeiro do indiano, assim como a hipocrisia é o vício do britânico. Embora sem dúvida fosse bastante perspicaz para detectar a desonestidade, parece ter acreditado, sempre que possível, que as pessoas agiam de boa-fé e possuíam uma natureza melhor através da qual se podia abordá-las. E, embora tenha nascido numa família de classe média baixa, iniciado a vida na adversidade, com uma aparência física provavelmente nada notável, não foi atormentado pela inveja ou pelo sentimento de inferioridade. O preconceito de cor, quando deparou com ele pela primeira vez em sua pior forma, na África do Sul, pareceu tê-lo deixado pasmo. Mesmo quando combatia o que na verdade era uma guerra de cor, não pensava nas pessoas em função de raça ou condição social. O governador de uma província, um milionário do algodão, um cule dravidiano subnutrido, um soldado raso britânico, eram todos igualmente seres humanos que deviam ser tratados da mesma maneira. É notável como até nas piores circunstâncias, como na África do Sul, quando se tornava impopular como defensor da comunidade indiana, não lhe faltaram amigos europeus.

Escrita em episódios curtos para seriação em jornais, a autobiografia não é uma obra-prima literária, mas é ainda mais admirável por seu conteúdo consistir de coisas comuns. É conveniente lembrar que Gandhi começou com as ambições normais de qualquer jovem estudante indiano e só adotou as opiniões radicais pouco a pouco e, em alguns casos, com relutância. É interessante saber que, em determinado período, quando usava cartola, tomou aulas de dança, estudou francês e latim, subiu ao alto da torre Eiffel e até tentou aprender a tocar violino — tudo com a finalidade de assimilar o mais possível a civilização europeia. Não foi um desses santos marcados por uma precoce e extraordinária devoção surgida na infância, nem do tipo que renuncia ao mundo após uma impressionante vida dissoluta. Ele faz confissões detalhadas das más ações praticadas na juventude, mas na verdade não tem muito para confessar. No frontispício do livro, há uma fotografia dos bens de Gandhi na época em que morreu. Todo o conjunto de petrechos podia ser comprado por cerca de cinco libras esterlinas, e os seus pecados, ao menos os materiais, teriam todos a mesma aparência se fossem colocados numa pilha. Alguns cigarros, alguns bocados de carne, alguns anás surripiados da criada na infância, duas visitas a um bordel (em cada ocasião foi embora sem "fazer nada"), um deslize de que escapou por um triz com sua senhoria em Plymouth, uma explosão de raiva — eis mais ou menos toda a sua coleção. Praticamente desde a infância, tinha uma honestidade profunda, uma postura mais ética que religiosa, porém até por volta dos trinta nenhum senso de direção muito definido. O primeiro ingresso em algo que se pode qualificar como vida pública ocorreu por meio do vegetarianismo. Em seus aspectos menos comuns, percebemos o tempo todo os sólidos homens de negócios de classe média que foram seus antepassados. Temos a impressão de que, mesmo após ter abandonado sua ambição pessoal, ele deve ter sido um advogado enérgico e habilidoso, um astuto organizador político, cauteloso na contenção de despesas, um hábil manipulador de comitês e um incansável angariador de assinaturas. Tinha um caráter extraordinariamente variado, mas quase nada havia nele que possamos apontar e qualificar de nocivo, e penso que até os piores inimigos de Gandhi admitiriam que ele era um homem interessante e fora do comum que enriqueceu o mundo apenas por estar vivo. De que era também um homem adorável e de que seus ensinamentos podem ter o mesmo valor para os que não aceitam as crenças religiosas nas quais estão fundamentados, nunca tive muita certeza.

Nos últimos anos, tem sido moda falar de Gandhi como se ele fosse não só solidário com o movimento esquerdista ocidental como também até parte dele. Anarquistas e pacifistas, em especial, reivindicam-no para si, observando apenas que ele resistia ao centralismo e à violência do Estado, porém ignorando a tendência espiritual e anti-humanista de suas doutrinas. Mas penso que devemos compreender que os ensinamentos de Gandhi não estão de acordo com a crença de que o Homem é a medida de todas as coisas e de que nossa tarefa é tornar a vida digna de ser vivida neste mundo, que é o único mundo que temos. Fazem sentido apenas com a suposição de que Deus existe e de que o mundo de objetos sólidos é uma ilusão da qual temos de nos livrar. Vale a pena levar em consideração a disciplina que Gandhi impôs a si mesmo e que — embora ele possa não insistir com seus seguidores que observem cada detalhe — acreditava ser indispensável se quiséssemos servir a Deus ou à humanidade. Em primeiro lugar, não comer carne e, se possível, nenhum alimento animal sob qualquer forma. (O próprio Gandhi, devido à sua saúde, teve de fazer uma concessão ao leite, mas ao que parece sentiu que isso foi reincidir em erro.) Nada de bebida alcoólica ou tabaco, nenhum tempero ou condimento, mesmo do tipo vegetal, uma vez que o alimento deve ser ingerido não por si mesmo, mas somente a fim de nos preservar a força. Em segundo lugar, se possível, nada de relação sexual. Se a relação sexual tiver de ocorrer, que seja apenas com o único propósito de procriar e, presumivelmente, a longos intervalos. O próprio Gandhi, nos meados de seus trinta anos, fez o voto de *bramahcharya*, que significa não só castidade total mas também a eliminação do desejo sexual. Ao que parece é difícil alcançar essa condição sem uma dieta especial e um jejum regular. Um dos perigos de beber leite é que este é suscetível de despertar desejo sexual. E, por fim — este o ponto principal —, para quem busca a bondade não deve haver quaisquer amizades íntimas e amores exclusivos.

Amizades íntimas, diz Gandhi, são perigosas porque "amigos influenciam um ao outro" e por meio da lealdade a um amigo podemos ser induzidos à má ação. Isso é sem sombra de dúvida verdadeiro. Além do mais, se vamos amar a Deus, ou amar a humanidade como um todo, não podemos dar preferência a qualquer individualidade. Isso também é verdadeiro e assinala o ponto em que as atitudes humanística e religiosa deixam de ser reconciliáveis. Para um ser humano comum, o amor nada significa se não significar amar algumas pessoas mais do que outras. A autobiografia deixa vago se Gandhi se comportou de forma desatenciosa com a esposa e os filhos, mas de qualquer maneira deixa claro que em três ocasiões ele se dispôs a permitir que a esposa ou um filho morresse em vez de fornecer o alimento animal recomendado pelo médico. É verdade que a ameaça de morte nunca ocorreu de fato e também que Gandhi — sob, concluímos, grande pressão moral na direção oposta — sempre deu ao paciente a escolha de continuar vivo em troca de cometer um pecado: no entanto, se a decisão coubesse exclusivamente a ele, teria proibido o alimento animal, quaisquer que fossem os riscos. Deve haver, diz ele, algum limite para o que faremos para continuar vivos, e o limite está bem distante do caldo de carne.

Essa atitude talvez seja nobre, mas, no sentido que — penso eu — a maioria das pessoas daria à palavra, é desumana. O essencial no fato de sermos humanos é que não buscamos a perfeição, é que às vezes *estamos* propensos a cometer pecados em nome da lealdade, é que não assumimos o asceticismo a ponto de tornar impossível uma amizade, é que no fim estamos preparados para ser derrotados e fragmentados pela vida, que é o preço inevitável de fixarmos nosso amor em outros indivíduos humanos. Sem dúvida, bebidas alcoólicas, tabaco etc. são coisas que um santo deve evitar, mas santidade também é algo que os seres humanos devem evitar. Para isso há uma réplica óbvia, porém temos de ser cautelosos em fazê-la. Nesta época dominada por iogues, supõe-se com demasiada pressa não só que o "desapego" é melhor do que a aceitação total da vida terrena como também que o homem comum só a rejeita porque ela é muito difícil: em outras palavras, que o ser humano mediano é um santo fracassado. É duvidoso que isso seja verdade. Muitas pessoas não desejam sinceramente ser santas, e é provável que as que alcancem a santidade, ou que a ela aspirem, jamais tenham sentido muita tentação de ser seres humanos. Se fosse possível buscar nas raízes psicológicas, creio que constataríamos que o principal motivo para o "desapego" é um desejo de fugir da dor de viver e sobretudo do amor, que, sexual ou não, é trabalhoso. Não é necessário argumentar aqui se o ideal espiritual ou o humanístico é "superior". A questão é que são incompatíveis. Devemos escolher entre Deus e Homem, e todos os "radicais" e "progressistas", do liberal mais moderado ao anarquista mais extremado, na verdade escolheram o Homem.

Contudo, o pacifismo de Gandhi pode ser separado até certo ponto de seus outros ensinamentos. O motivo era religioso, mas ele também afirmou que era uma técnica definida, um método capaz de produzir resultados políticos desejados. A atitude de

Gandhi não era a da maioria dos pacifistas ocidentais. *Satyagraha*, desenvolvida primeiro na África do Sul, era uma espécie de campanha não violenta, uma forma de derrotar o inimigo sem feri-lo e sem sentir ou despertar ódio. Acarretava necessariamente coisas como desobediência civil, greves, deitar-se na frente de trens, submeter-se às agressões policiais sem fugir nem reagir, e assim por diante. Gandhi rejeitava a "resistência passiva" como tradução de *satyagraha*: no idioma guzerate, ao que parece, a palavra significa "firmeza na verdade". Quando jovem, Gandhi serviu como maqueiro no lado britânico durante a Guerra dos Bôeres, e se dispôs a fazer o mesmo na guerra de 1914-8. Mesmo depois de ter repudiado totalmente a violência, foi bastante honesto para entender que numa guerra é em geral necessário tomar partido. Não adotou — de fato, uma vez que sua vida inteira se concentrava na luta pela independência nacional, não poderia adotar — a posição improdutiva e desonesta de pretextar que em todas as guerras ambos os lados são exatamente iguais e não faz diferença quem vence. Tampouco, como a maioria dos pacifistas ocidentais, especializou-se em evitar perguntas embaraçosas. Em relação à última guerra, uma pergunta a que todo pacifista tinha a clara obrigação de responder era: "Que dizer dos judeus? Está preparado para vê-los exterminados? Se não, como propõe salvá-los sem recorrer à guerra?". Devo dizer que jamais ouvi de qualquer pacifista ocidental uma resposta honesta a essa pergunta, embora tenha ouvido muitas evasivas, em geral do tipo "Você é mais um". Ocorre, porém, que em 1938 fizeram a Gandhi uma pergunta semelhante, e sua resposta está registrada em *Gandhi and Stalin*, de Louis Fischer. De acordo com Fischer, o parecer de Gandhi era que os judeus alemães deveriam cometer suicídio coletivo, o que "despertaria o mundo e o povo da Alemanha para a violência de Hitler". Depois da guerra, explicou-se: de qualquer maneira, os judeus haviam sido mortos, e poderiam também ter morrido de forma significativa. Temos a impressão de que essa atitude abalou até um admirador fervoroso como Fischer, mas Gandhi estava apenas sendo sincero. Quem não está preparado para matar deve muitas vezes estar preparado para que vidas sejam perdidas de outras maneiras. Quando, em 1942, ele incitou a resistência não violenta à invasão japonesa estava preparado para admitir que isso poderia custar milhões de mortes.

Ao mesmo tempo, existem motivos para acreditar que Gandhi, que afinal nasceu em 1869, não entendeu a natureza do totalitarismo e enxergou tudo em função de sua luta contra o governo britânico. A questão importante aqui não é tanto que os britânicos o tenham tratado com tolerância, mas o quanto ele sempre foi capaz de ganhar publicidade. Como se pode perceber pela frase citada acima, ele acreditava em "despertar o mundo", o que só é possível se o mundo tiver a oportunidade de tomar conhecimento do que você está fazendo. É difícil ver como os métodos de Gandhi poderiam ser aplicados num país em que adversários do regime desaparecem no meio da noite e jamais se tem notícias deles. Sem uma imprensa livre e o direito à reunião, é impossível não só pedir a intercessão de uma opinião externa como também criar um movimento de massa, ou mesmo que o adversário venha a conhecer as intenções de alguém. Existe um Gandhi na Rússia neste momento? E caso exista, o que ele está realizando? As massas russas só poderiam praticar a desobediência civil se a mesma ideia lhes ocorresse de modo simultâneo, e mesmo assim, a julgar pela história da fome ucraniana, não faria a menor diferença. Mas concebamos que a resistência não violenta possa ser eficaz contra um governo ou contra uma força de ocupação: mesmo assim, como colocá-la em prática internacionalmente? As várias declarações contraditórias de Gandhi sobre a última guerra parecem mostrar que ele entendia a dificuldade disso. Aplicado à política externa, o pacifismo deixa de ser pacifista ou se transforma em conciliação. Além disso, a suposição, que foi muito útil para Gandhi ao lidar com indivíduos, de que todos os seres humanos são mais ou menos afáveis e responderão bem a um gesto generoso carece de contestação séria. Não é necessariamente verdadeira, por exemplo, quando lidamos com loucos. A questão então passa a ser: quem é são de espírito? Hitler era? E não será possível que toda uma cultura seja insana de acordo com os critérios de outra? E na medida em que podemos aferir os sentimentos de toda uma nação, existirá alguma ligação evidente entre uma ação generosa e uma resposta amigável? Será a gratidão um fator na política internacional?

Essas questões e outras semelhantes pedem discussão, e com urgência, nos poucos anos que restam antes que alguém aperte o botão e os foguetes comecem a voar. Parece duvidoso que a civilização consiga suportar outra grande guerra, e é ao menos concebível que a saída resida na não violência. A virtude de Gandhi é que ele estaria disposto a refletir com honestidade sobre o tipo de questão que levantei acima; e de fato deve ter debatido grande parte dessas questões em um ou outro dos inúmeros artigos que escreveu para os jornais. Temos a impressão de que ele não entendeu muita coisa, mas não de que existiu algo que receou comentar ou pensar a respeito. Jamais consegui sentir muita simpatia por Gandhi, porém não estou seguro de que como pensador político ele fundamentalmente se equivocou, tampouco creio que sua vida foi um fracasso. É curioso que, quando foi assassinado, muitos de seus admiradores mais fervorosos afirmaram com pesar que ele vivera o tempo suficiente para ver o trabalho de uma vida em ruínas, porque a Índia estava envolvida numa guerra civil que sempre fora prevista como uma das consequências da transferência de poder. Mas não foi tentando aplacar a rivalidade entre hindus e muçulmanos que Gandhi passou a vida. Seu principal objetivo político, o fim pacífico do domínio britânico, havia sido por fim alcançado. Como de costume, os fatos pertinentes se interconectam. De um lado, os britânicos realmente saíram da Índia sem lutar, um acontecimento que poucos observadores profetizaram mais ou menos um ano antes de ocorrer. De outro, isso foi levado a efeito por um governo trabalhista, e decerto um governo conservador, sobretudo um governo liderado por Churchill, teria agido de outro modo. Mas se em 1945 formara-se na Grã-Bretanha uma grande frente de opinião favorável à independência da Índia, até que ponto isso se devia à influência pessoal de Gandhi? E se, como pode acontecer, Índia e Grã-Bretanha por fim iniciarem uma relação amistosa e razoável, será em parte por causa de Gandhi, por ele ter sustentado sua luta obstinada e, sem ódio, ter desinfetado o ar político? Só o fato de essas perguntas nos ocorrerem já indica a estatura desse homem. Podemos sentir, como sinto, uma espécie de aversão estética a Gandhi; podemos rejeitar as reivindicações de santidade feitas em seu nome (aliás, ele próprio jamais fez tal reivindicação); podemos também rejeitar a santidade como um ideal, e portanto entender que os objetivos básicos de Gandhi eram anti-humanos e reacionários: mas considerado apenas como político, e comparado a outras figuras políticas importantes de nosso tempo, que rastro de aroma puro ele deixou!

Written, 1948; *Politics and Letters*, 1948.

4. Como morrem os pobres

No ano de 1929, passei várias semanas no Hôpital x, no décimo quinto *arrondissement* de Paris. Os funcionários me submeteram ao costumeiro interrogatório na recepção, e fiquei respondendo a perguntas por mais de vinte minutos antes de me admitirem. Quem já teve de preencher formulários num país latino conhece o tipo de perguntas a que me refiro. Por alguns dias fui incapaz de converter Réaumur em Fahrenheit, mas sabia que minha temperatura estava em torno de quarenta graus e, ao cabo da entrevista, tive alguma dificuldade para ficar de pé. Atrás de mim, um pequeno grupo de pacientes resignados, segurando embrulhos feitos de lenços de bolso coloridos, esperava a vez de ser interrogado.

Após o interrogatório veio o banho — aparentemente uma rotina obrigatória para todos os recém-chegados, como na prisão ou no asilo de pobres. Levaram minhas roupas e, depois de ficar sentado tiritando de frio por alguns minutos em cinco dedos de água morna, deram-me um camisão de dormir de algodão e um roupão de flanela azul, curto — nada de chinelos, disseram que não tinham um bastante grande que me servisse —, e me conduziram para fora do hospital. Era uma noite de fevereiro, e eu estava com pneumonia. A ala para onde íamos ficava a uns duzentos metros e parecia que, para chegar lá, tínhamos de atravessar o terreno do hospital. Alguém tropeçou à minha frente com uma lanterna. Os cascalhos do caminho estavam gélidos sob os pés, e o vento agitava o camisão em torno das panturrilhas descobertas. Quando chegamos à ala, dei-me conta de uma estranha sensação de familiaridade cuja origem só consegui definir mais tarde naquela noite. Era um quarto comprido, de pé-direito bastante baixo, mal iluminado, cheio de vozes murmurantes e com três fileiras de camas surpreendentemente próximas umas das outras. Quando estava deitado, vi numa cama quase em frente um homenzinho ruivo de ombros caídos sentado seminu enquanto um médico e um estudante lhe faziam uma estranha operação. Primeiro o médico tirou da sacola preta uma dúzia de copos pequenos, iguais a copos de vinho, depois o estudante acendeu um fósforo dentro de cada copo para exaurir o ar, em seguida pôs o copo nas costas ou no peito do homem, e o vácuo extraiu uma enorme bolha amarela. Só depois de alguns momentos percebi o que faziam com o homem. Era algo chamado sangria por meio de ventosas, um tratamento sobre o qual lemos em antigos manuais de medicina, mas que até então eu imaginava vagamente ser dessas coisas que se fazem com cavalos.

O ar frio de fora provavelmente baixara minha temperatura, e eu observava aquele tratamento bárbaro com distanciamento e até alguma dose de diversão. Dali a pouco, porém, o médico e o estudante vieram até minha cama, puseram-me na posição vertical e, sem uma palavra, começaram a aplicar em mim o mesmo conjunto de copos, que de modo algum haviam sido esterilizados. Uns poucos protestos fracos que emiti não provocaram mais reações do que provocariam se eu fosse um animal. Fiquei muitíssimo impressionado com a maneira impessoal como os dois homens me tratavam. Nunca estivera na ala pública de um hospital, era minha primeira experiência com médicos que lidam com pessoas sem falar com elas ou, num sentido humano, sem reparar nelas. No meu caso, puseram apenas seis copos, mas depois disso sacrificaram as bolhas e voltaram a utilizar os copos. Cada copo agora extraía cerca de uma colher de sobremesa de sangue preto. Depois de me deitar outra vez, humilhado, desgostoso e assustado com o que haviam feito comigo, pensei que então ao menos me deixariam em paz. Mas não, nem um pouco. Estavam prontos para outro tratamento, o cataplasma de mostarda, aparentemente mais uma rotina igual ao banho quente. Duas enfermeiras desmazeladas, que já tinham preparado o cataplasma, colocaram-no às pressas em volta do meu peito como uma camisa de força bem apertada, enquanto uns homens de camisa e calça que andavam a esmo pela ala começavam a se juntar em volta da minha cama com sorrisos meio complacentes. Soube mais tarde que observar a aplicação do cataplasma de mostarda num paciente era o passatempo predileto na ala. A aplicação desse tipo de coisa em geral leva uns quinze minutos e decerto é engraçada quando não se é o receptor. Nos primeiros cinco minutos, a dor é forte, mas acreditamos ser capazes de suportá-la. Durante os cinco minutos seguintes, tal crença desaparece, no entanto o cataplasma está firmado muito bem atrás e não podemos tirá-lo. Esta é a etapa de que os espectadores gostam mais. Durante os últimos cinco minutos, notei que sobrevinha uma espécie de dormência. Depois de o cataplasma ter sido removido, jogaram um travesseiro cheio de gelo e à prova d'água debaixo da minha cabeça e me deixaram sozinho. Não dormi, e ao que me consta aquela foi a primeira noite na minha vida — quero dizer, passada numa cama — em que não dormi nada, nem um minuto sequer.

Durante minhas primeiras horas no Hôpital x, fui submetido a uma série de tratamentos diferentes e contraditórios, o que era enganoso, pois em geral recebíamos pouquíssimos tratamentos, bons ou ruins, a menos que estivéssemos doentes de uma forma interessante e instrutiva. Às cinco da manhã, as enfermeiras apareciam, acordavam os pacientes e tiravam a temperatura, mas não os lavavam. Quando estamos bem, nós nos lavamos, do contrário dependemos da bondade de algum paciente que possa andar. Também de modo geral eram os pacientes que carregavam os vasos e a comadre nojenta, apelidada de *la casserole*. Às oito horas entregavam o café da manhã, chamado *la soupe*, como no Exército. Era sopa também, uma sopa rala de verduras com pedaços viscosos de pão flutuando. Mais tarde, o médico alto, solene e de barba preta dava um giro, com um *interne* e um bando de estudantes logo atrás, mas havia uns sessenta de nós na ala e, é claro, ele também tinha de visitar outras alas. Havia muitas camas pelas quais ele passava sem se deter dia após dia, às vezes seguido de gritos de súplica. Por outro lado, quem estava com alguma doença de que os estudantes queriam tomar conhecimento recebia muita atenção. No meu caso mesmo, um exemplo excepcionalmente admirável de ronco bronquial, às vezes uma dúzia de estudantes formava fila para ouvir meu peito. Era uma sensação esquisita — quero dizer, esquisita por causa do intenso interesse dos estudantes em aprender o trabalho, bem como por uma aparente falta de percepção de que os pacientes eram seres humanos. É estranho contar, mas de quando em quando, ao chegar a vez de um estudante se aproximar para nos manipular, ele tremia de emoção, como um garoto que afinal toca uma maquinaria cara. E então, ouvido após ouvido — ouvidos de moços, moças, negros — pressionava nossas costas, dedos em revezamento batiam solene mas desajeitadamente, e de nenhum deles partia uma palavra qualquer ou um olhar que mirasse nosso rosto. Como pacientes não pagantes em camisão de uniforme, éramos acima de tudo *um espécime*, uma coisa de que não me ressentia, mas a que nunca me acostumei direito.

Depois de alguns dias, melhorei o suficiente para me soerguer e observar os pacientes circundantes. No quarto abafado, com as camas estreitas tão juntas umas das outras que podíamos tocar com facilidade a mão do vizinho, havia todo tipo de doenças, com exceção, creio, de casos seriamente infecciosos. Meu vizinho da direita era um sapateiro pequeno e ruivo com uma perna mais curta do que a outra e que costumava anunciar a morte de qualquer paciente (isso aconteceu várias vezes, e meu vizinho era sempre o primeiro a saber) ao assobiar para mim e exclamar "*Numéro 43!*" (ou o que fosse), agitando os braços acima da cabeça. Aquele homem não estava muito mal, mas na maior parte das outras camas, do meu ponto de vista, alguma tragédia miserável ou algum horror manifesto estava em andamento. Na cama cujo pé se voltava para o pé da minha, esteve deitado, até morrer (não o vi morrer, transferiram-no para outra cama), um homenzinho encarquilhado que sofria de não sei qual doença, mas alguma coisa que lhe deixava o corpo tão intensamente sensível que qualquer movimento de um lado para o outro, às vezes até o peso das roupas de cama, fazia-o gritar de dor. O pior sofrimento era quando urinava, o que fazia com grande dificuldade. Uma enfermeira lhe trazia o vaso e ficava parada ao lado da cama durante muito tempo, a assobiar, como dizem que cavalariços fazem para os cavalos, até que por fim, com um guincho agonizado de "*Je pisse!*", ele começava. Na cama ao lado dele, o homem ruivo que vi submeterem à sangria por meio de ventosas costumava expelir, tossindo, um muco com vestígios de sangue, a qualquer hora. Meu vizinho da esquerda era um jovem alto e flácido em cujas costas costumavam de tempos em tempos inserir um tubo pelo qual retiravam quantidades espantosas de um líquido espumoso de alguma parte do corpo. Na cama que vinha logo após essa, um veterano da guerra de 1870 agonizava, um velho simpático com uma pera branca no queixo, em torno de cuja cama, a qualquer hora em que se permitissem visitas, quatro parentes velhas vestidas de preto ficavam sentadas como gralhas, sem dúvida fazendo planos para alguma herança miserável. Na cama em frente à minha, na fileira mais afastada, estava um velho careca de bigodes curvados, rosto e corpo extremamente inchados, que sofria de alguma doença que o fazia urinar quase sem cessar. Um enorme receptáculo de vidro ficava sempre ao lado da cama. Um dia a esposa e a filha foram visitá-lo. Ao vê-las, o velho de rosto intumescido se iluminou com um sorriso de doçura surpreendente, e quando a filha, uma jovem bonita de uns vinte anos, se aproximou da cama eu percebi que a mão dele se mexia muito devagar sob a coberta. Eu podia antecipar o gesto que estava por vir — a moça ajoelhando-se ao lado da cama, a mão do velho colocada na cabeça dela numa bênção de agonizante. Mas não, ele apenas lhe entregou o vaso, que ela pegou de imediato e esvaziou no receptáculo.

Cerca de dez camas distantes da minha, estava o *numéro 57* — acho que era esse o número dele —, um caso de cirrose. Todo mundo na ala o conhecia de vista, porque às vezes ele era objeto de palestra médica. Duas tardes por semana, o médico alto e circunspecto fazia uma palestra na ala para um grupo de estudantes, e em mais de uma ocasião o velho *numéro 57* era posto numa espécie de carrinho no meio da ala, onde o médico lhe baixava o camisão, expandia com os dedos uma enorme protuberância flácida na barriga do velho — acho que o fígado doente — e explicava, solene, que aquela era uma doença causada pelo alcoolismo, mais comum em países em que se tem o hábito de tomar vinho. Como sempre, não falou com o paciente nem lhe dirigiu um sorriso, um aceno ou qualquer tipo de consideração. Enquanto falava, bastante circunspecto e empertigado, segurava o corpo enfraquecido com as duas mãos, às vezes girava-o de um lado para o outro de leve, na mesma postura de uma mulher que segura um pau de macarrão. Não que esse tipo de coisa incomodasse o *numéro 57*. Decerto ele era um velho recluso no hospital, um exemplo constante em palestras, seu fígado há muito reduzido ao interior de um frasco em algum museu de patologia. Totalmente desinteressado do que se dizia a seu respeito, fixava os olhos incolores no vazio, enquanto o médico o expunha como uma porcelana de antigualha. Era um homem de uns sessenta anos, espantosamente mirrado. O rosto, pálido como velino, murchara tanto que não parecia maior do que o rosto de uma boneca.

Numa manhã, meu vizinho sapateiro me acordou com safanões em meu travesseiro antes da chegada das enfermeiras. "*Numéro 57!*", disse, agitando os braços acima da cabeça. Havia uma luz na ala, com a qual dava para enxergar. Pude ver o *numéro 57* encolhido de lado, o rosto projetando-se para fora cama, voltado para mim. Morrera durante a noite, ninguém sabia quando. Ao chegarem, as enfermeiras receberam a notícia da morte com indiferença e começaram a trabalhar. Depois de muito tempo, uma hora ou mais, duas outras enfermeiras entraram marchando lado a lado como soldados, com um pesado som de tamancos, e embrulharam o cadáver nos lençóis, mas ele só foi removido mais tarde. Enquanto isso, sob uma luz mais forte, tive tempo para dar uma boa olhada no *numéro 57*. De fato, deitei-me de lado para observá-lo. Curiosamente, era o primeiro europeu morto que eu via. Vi homens mortos antes, mas sempre asiáticos e em geral pessoas que tiveram morte violenta. Os olhos do *numéro 57* ainda estavam abertos, a boca também, o rosto pequeno contorcido numa expressão de agonia. O que mais me impressionou, porém, foi a brancura do rosto. Fora pálido antes, mas agora era pouco mais escuro do que os lençóis. Enquanto fitava o rosto miúdo e contorcido, ocorreu-me que aquele refugo repugnante, à espera de ser retirado e descarregado numa laje na sala de dissecção, era um exemplo de morte "natural", uma das coisas por que rezamos na ladainha. Aí está, então, pensei, é isto que o espera daqui a vinte, trinta, quarenta anos: é assim que morrem os que têm sorte, os que vivem para ser velhos. Queremos viver, claro, na verdade só permanecemos vivos por medo da morte, mas penso agora, como pensava então, que é melhor morrer de forma violenta e não muito velho. As pessoas falam dos horrores da guerra, mas que arma o homem inventou que se assemelhe em crueldade a algumas das doenças mais comuns? Morte "natural", quase por definição, significa algo lento, malcheiroso e doído. Mesmo nisso, tem importância se o fazemos em casa e não numa instituição pública. Aquele pobre velho infeliz que acabara de se apagar como um toco de vela não era nem importante o bastante para que alguém o velasse no leito de morte. Era só um número, depois uma "matéria" para os escalpelos dos estudantes. E a sórdida publicidade de morrer num lugar daquele! No Hôpital x as camas ficavam muito perto umas das outras e não havia biombos. Imagine, por exemplo, morrer como o homenzinho cuja cama por um tempo esteve encostada à extremidade da minha, o que gritava quando as cobertas lhe tocavam o corpo! Acho que "*Je pisse!* " foram suas últimas palavras registradas. Talvez os moribundos não se importem com essas coisas — esta ao menos seria a resposta comum: porém a cabeça dos moribundos é muitas vezes mais ou menos normal até cerca de um dia antes do fim.

Nas alas públicas de um hospital, vemos horrores que parece que não encontramos entre pessoas que morrem em sua própria casa, como se algumas doenças só acometessem pessoas com níveis de renda mais baixos. Mas é fato que em qualquer hospital inglês não veríamos algumas das coisas que vi no Hôpital x. Isso de pessoas morrerem como animais, por exemplo, sem a presença de ninguém, ninguém interessado, a morte passada despercebida até a manhã — isso aconteceu mais de uma vez. Com certeza não veríamos nada parecido na Inglaterra, e muito menos veríamos um cadáver deixado à vista dos outros pacientes. Lembro-me de que uma vez, num hospital rural na Inglaterra, um homem morreu enquanto tomávamos chá, e, embora fôssemos apenas seis na ala, as enfermeiras conseguiram se encarregar das coisas com tal habilidade que o homem morreu e o corpo foi removido sem nem sequer sabermos disso até o chá terminar. Uma coisa que talvez subestimemos na Inglaterra é a vantagem de termos um grande número de enfermeiras bem treinadas e rigidamente disciplinadas. Sem dúvida as enfermeiras inglesas são muito tolas, chegam a ler a sorte com folhas de chá, usar distintivos da bandeira nacional e expor fotografias da rainha no console da lareira, mas ao menos não nos deixam ficar sem banho e constipados numa cama por fazer, por pura preguiça. As enfermeiras do Hôpital x ainda tinham um quê de Mrs. Gamp,* e mais tarde, nos hospitais militares da Espanha republicana, vi enfermeiras que mal sabiam tirar a temperatura. Na Inglaterra também não veríamos a sujeira que havia no Hôpital x. Mais tarde, quando já estava bom o suficiente para me lavar no banheiro, descobri que lá mantinham um enorme caixote onde jogavam restos de comida e curativos sujos da ala, e os lambris estavam infestados de insetos.

Quando me devolveram as roupas e minhas pernas se fortaleceram, fugi do Hôpital x, antes do tempo e sem esperar pela alta. Não foi o único hospital de que fugi, mas a escuridão e o vazio, seu cheiro nauseante e sobretudo alguma coisa em sua atmosfera mental se distinguem como excepcionais em minha recordação. Fui levado para lá porque era o hospital que per-

* Personagem de *Martin Chuzzlewit*, romance de Charles Dickens. (N. T.)

tencia a meu *arrondissement*, e só mais tarde soube que tinha má reputação. Uns dois anos depois, a célebre escroque Madame Hanaud, que adoeceu enquanto estava em prisão preventiva, foi levada ao Hôpital x e, após alguns dias, conseguiu escapar dos guardas, pegou um táxi e voltou para o presídio, explicando que ali se sentia mais confortável. Não tenho dúvida de que o Hôpital x era pouco representativo dos hospitais franceses mesmo naquela época. Mas os pacientes, quase todos trabalhadores, eram espantosamente conformados. Alguns pareciam achar as condições quase confortáveis, porque ao menos dois deles eram indigentes que se fingiam de doentes, acreditando que essa era uma boa maneira de passar o inverno. As enfermeiras cooperavam secretamente porque aquelas pessoas eram úteis para fazer biscates. A postura da maioria, porém, era: é claro que este lugar não presta, mas o que é que se pode esperar? Não lhes parecia estranho ser acordados às cinco e depois esperar três horas para começar o dia com uma sopa aguada, ou que as pessoas morressem sem ninguém ao lado da cama, ou mesmo que a possibilidade de obter assistência médica dependesse de conseguir chamar a atenção do médico quando ele passasse. De acordo com a tradição daquelas pessoas, hospitais eram assim. Quando estamos gravemente enfermos, e quando somos muito pobres para ser tratados em casa, precisamos ir para um hospital, e uma vez lá temos de suportar crueldades e desconforto, como no Exército. Mas além disso eu estava interessado em encontrar uma crença persistente em histórias antigas que quase já se perderam na memória da Inglaterra — histórias, por exemplo, de médicos que nos abriam por mera curiosidade ou por achar engraçado começar uma operação antes de estarmos devidamente "sob o efeito". Há relatos sinistros sobre uma pequena sala de operações que estaria situada logo depois do banheiro. Diziam que gritos aflitivos vinham de lá. Nada vi que confirmasse essas histórias, e sem dúvida eram todas absurdas, embora tenha visto dois estudantes matarem um rapaz de dezesseis anos, ou quase matarem (parece que ele estava agonizando quando saí do hospital, mas é possível que tenha se recuperado mais tarde), num experimento travesso que provavelmente não poderiam ter tentado com um paciente pagante. As pessoas ainda se lembram de que em Londres se costumava acreditar que em alguns grandes hospitais pacientes eram eliminados para que se pudesse obter material de dissecção. Não ouvi contarem essa história no Hôpital x, contudo creio que alguns homens de lá a considerariam verossímil. Porque era um hospital em que não os métodos, talvez, mas algo da atmosfera do século XIX conseguiu sobreviver, daí seu peculiar interesse.

Durante os últimos cinquenta anos, mais ou menos, houve uma grande mudança na relação entre médico e paciente. Quando examinamos qualquer literatura anterior à última metade do século XIX, verificamos que um hospital é visto popularmente como o mesmo que uma prisão, e uma prisão obsoleta e semelhante a uma masmorra. Um hospital é um lugar sujo, de tortura e morte, uma espécie de antecâmara do túmulo. Ninguém que não fosse mais ou menos indigente pensaria em procurar tratamento num lugar assim. Principalmente na primeira metade do século XIX, quando a ciência da medicina se tornou mais audaz do que antes sem por isso ter alcançado mais êxito, toda a atividade médica foi encarada com horror e temor pelas pessoas comuns. Acreditava-se que a cirurgia, em especial, não passava de uma forma particularmente medonha de sadismo; e a dissecção, possível apenas com a cooperação de ladrões de cadáveres, chegava a ser confundida com a necromancia. Podemos recolher do século XIX uma vasta literatura de horror ligada a médicos e hospitais. Pensemos no pobre e velho Jorge III, na decrepitude, gritando por misericórdia ao ver os cirurgiões se aproximarem para "sangrá-lo até desmaiar"! Pensemos nas conversas de

Bob Sawyer e Benjamin Allen, que sem dúvida dificilmente são paródias, nos hospitais ambulantes de campanha em *La debâcle* e *Guerra e paz*, ou na chocante descrição de uma amputação em *Whitejacket*, de Herman Melville! Mesmo os nomes dados a médicos na ficção inglesa do século XIX, Slasher, Carver, Sawyer, Fillgrave e assim por diante, e o apelido genérico "carniceiro", são tão sinistros quanto cômicos. A tradição anticirurgia está talvez mais bem expressa no poema de Alfred Tennyson "The children's hospital" [O hospital infantil], que é essencialmente um documento pré-clorofórmio, embora pareça ter sido escrito por volta de 1880. Além disso, há muito que dizer sobre o ponto de vista registrado por Tennyson. Quando pensamos no que poderia ter sido uma operação sem anestésico, o que sabidamente *foi*, é difícil não suspeitar dos motivos das pessoas que se incumbiam dessas coisas. Porque há que se reconhecer que esses horrores sanguinários que os estudantes aguardavam com tamanha ansiedade ("Um espetáculo magnífico quando Slasher o executa!") eram mais ou menos inúteis: o paciente que não morria de choque em geral morria de gangrena, um resultado com que se contava. Mesmo hoje se encontram médicos cujos motivos são duvidosos. Qualquer um que tenha tido muitas doenças ou que tenha escutado conversas de estudantes de medicina saberá o que quero dizer. Mas os anestésicos foram um ponto fundamental, assim como os desinfetantes. Em lugar algum do mundo, provavelmente, veríamos hoje o tipo de cena descrito por Axel Munthe em *The story of San Michele*, em que o sinistro cirurgião de cartola e sobrecasaca, o peito da camisa engomada respingado de sangue e pus, talha paciente após paciente com a mesma faca e joga os membros cortados numa pilha ao lado da mesa. Além disso, a previdência social em parte aboliu a ideia de que um paciente da classe trabalhadora é um indigente que merece pouca consideração. Ainda neste século XX, era comum que pacientes "gratuitos" de hospitais grandes tivessem os dentes extraídos sem anestésico. Não pagam, por que lhes aplicar anestésico? — era essa a postura. Isso também mudou.

E no entanto todas as instituições sempre terão de carregar algumas reminiscências do passado. Uma sala de quartel ainda é assombrada pelo espectro de Rudyard Kipling, e é difícil entrar num asilo de pobres sem que *Oliver Twist* venha à lembrança. Os hospitais começaram como uma espécie de dependência separada para que leprosos e outros mais morressem, e continuaram como locais em que estudantes de medicina aprendiam o ofício com cadáveres de pessoas pobres. Ainda notamos um tênue indício de sua história na arquitetura caracteristicamente sombria. Eu estaria longe de me queixar do tratamento que recebi em qualquer hospital inglês, mas sei que um instinto forte aconselha as pessoas a, se possível, não entrar em hospitais, em especial em alas públicas. Qualquer que seja a posição legal, é indiscutível que temos menos controle sobre nosso próprio tratamento, menos certeza de que não estaremos sujeitos a experimentos frívolos, quando é um caso de "aceite a disciplicina ou caia fora". E é uma grande coisa morrer em nossa própria cama, embora seja melhor ainda morrer de botas. Por maior que seja a gentileza e a eficiência, em toda morte em hospital haverá algum detalhe cruel e sórdido, algo talvez pequeno demais para ser contado, mas que deixa recordações terrivelmente dolorosas, que surgem da pressa, da aglomeração, da impessoalidade de um lugar em que todos os dias pessoas morrem entre estranhos.

O pavor de hospitais decerto ainda permanece entre os muito pobres e em todos nós só desapareceu há pouco tempo. É um canto escuro não longe da superfície de nossa mente. Disse antes que, ao entrar na ala no Hôpital x, fiquei ciente de uma estranha sensação de familiaridade. É que a cena fazia lembrar os hospitais malcheirosos e cheios de sofrimento do século XIX, que nunca vi, mas que conhecia de tantas histórias. E alguma coisa, talvez o médico vestido de preto com sua maleta preta suja, ou talvez apenas o cheiro nauseante, fez o curioso truque de desenterrar de minha memória aquele poema de Tennyson, "The children's hospital", no qual não pensava há mais de vinte anos. Quando menino, uma enfermeira o leu em voz alta para mim; sua própria vida profissional talvez remontasse à época em que Tennyson escreveu o poema. Os horrores e os sofrimentos dos hospitais antigos eram para ela uma lembrança viva. Estremecemos juntos com o poema, e depois, aparentemente, eu o esqueci. Mesmo seu título talvez não me fizesse relembrar coisa alguma. Mas o primeiro vislumbre do quarto mal iluminado e murmurante, com as camas tão juntas umas das outras, de repente despertou a cadeia de pensamentos a que ele pertencia, e na noite seguinte me peguei recordando toda a história e a atmosfera do poema, e muitos versos inteiros.

Now, novembro de 1946.

5. Dentro da baleia

1

Quando o romance de Henry Miller *Trópico de Câncer* foi publicado, em 1935, receberam-no com elogios bastante prudentes, condicionados em alguns casos, sem dúvida, pelo receio de darem a impressão de que apreciavam pornografia. Entre os que o elogiaram estavam T. S. Eliot, Herbert Read, Aldous Huxley, John dos Passos, Ezra Pound — na maioria, escritores que não estão na moda hoje. E na verdade o tema do livro, e em certa medida sua atmosfera psicológica, pertence mais aos anos 20 do que aos 30.

Trópico de Câncer é um romance narrado na primeira pessoa, ou uma autobiografia em forma de romance, como preferimos encará-lo. O próprio Miller insiste que é uma franca autobiografia, porém o ritmo e o método narrativo são os de um romance. É a história de um americano em Paris, mas não exatamente da maneira habitual, porque os americanos que figuram nele não têm dinheiro. Durante os anos de desenvolvimento econômico, quando havia dólares em abundância e o valor cambial do franco estava baixo, Paris foi invadida por uma multidão de artistas, escritores, estudantes, diletantes, turistas, libertinos e ociosos que o mundo provavelmente jamais vira antes. Em alguns bairros da cidade, os chamados artistas devem na verdade ter superado a população produtiva — de fato, calcula-se que em fins da década de 1920 havia por volta de trinta mil pintores em Paris, na maioria impostores. A população se tornara tão acostumada a artistas que lésbicas com voz áspera e de culotes cotelê e rapazes em trajes gregos ou medievais podiam andar nas ruas sem atrair um só olhar, e ao longo da margem do Sena junto à catedral de Notre-Dame era quase impossível passar entre os banquinhos dos desenhistas. Era a época dos azarões e dos gênios negligenciados; a frase na boca de todo mundo era "*Quand je serai lancé* " [Quando eu for descoberto]. Como se verificou, ninguém foi "*lancé* ", a Depressão baixou como outra era glacial, a turba cosmopolita de artistas desapareceu, e os grandes cafés de Montparnasse, que apenas dez anos antes ficavam apinhados de hordas de pretensiosos estridentes até a madrugada, transformaram-se em sepulcros sombrios nos quais não existiam nem fantasmas. É sobre esse mundo — descrito em, entre outros romances, *Tarr*, de Wyndham Lewis — que Miller escreve, mas lidando apenas com seu lado inferior, a periferia lumpemproletária que conseguiu sobreviver à Depressão por se compor em parte de artistas autênticos, em parte de autênticos salafrários. Os gênios negligenciados, os paranoicos que estão sempre "para escrever" o romance que irá botar Proust no chinelo, estão lá, mas são gênios apenas nos raros momentos em que não estão em busca da próxima refeição. Em sua maior parte, é uma história de quartos infestados de insetos em hotéis de operários, de brigas, bebedeiras, bordéis baratos, refugiados russos, mendicantes, de vida de falcatruas e empregos temporários. E toda a atmosfera dos bairros pobres de Paris tal como um estrangeiro os vê — os becos pavimentados com pedras redondas, o fedor acre de lixo, os bistrôs com seus balcões de zinco engordurados e os pisos de tijolos gastos, as águas esverdeadas do Sena, as capas azuis da Guarda Republicana, os urinóis de ferro corroído, o peculiar cheiro adocicado das estações de metrô, os cigarros que se desfazem, os pombos dos Jardins de Luxemburgo —, está tudo lá, ou, de qualquer maneira, a sensação é a de que está.

À primeira vista, nenhum outro material seria menos promissor. Quando *Trópico de Câncer* foi publicado, os italianos entravam na Abissínia e os campos de concentração de Adolf Hitler já estavam repletos. Os focos do mundo intelectual estavam em Roma, Moscou e Berlim. Não parecia um momento promissor para escrever um romance de valor excepcional sobre parasitas americanos mendigando tragos no Quartier Latin. Claro que um romancista não é obrigado a escrever, necessariamente, sobre a história contemporânea, mas um romancista que simplesmente ignora os principais acontecimentos públicos do momento costuma ser ou um inconsequente ou um rematado imbecil. Tendo como base um simples relato do tema de *Trópico de Câncer*, a maioria das pessoas provavelmente supõe que não passa de um resquício da maliciosidade dos anos 20. Na verdade, quase todo mundo que o leu logo percebeu que não era nada disso, que se tratava de um livro extraordinário. Como e por que extraordinário? Responder a uma pergunta dessa nunca é fácil. O melhor é começar descrevendo a impressão que *Trópico de Câncer* me deixou.

Quando abri *Trópico de Câncer* pela primeira vez e vi que estava cheio de palavras impublicáveis, minha reação imediata foi a recusa a me deixar impressionar. Acho que a maioria das pessoas fez o mesmo. No entanto, depois de um tempo, a atmosfera do livro, além de seus inumeráveis detalhes, parecia persistir em minha lembrança de forma peculiar. Um ano mais tarde, saiu o segundo livro de Miller, *Primavera negra*. Nessa época, *Trópico de Câncer* estava presente em minha memória de maneira muito mais vívida do que quando o li pela primeira vez. Minha primeira impressão de *Primavera negra* foi que ele mostrava um declínio, e é fato que não tem a mesma unidade do livro anterior. No entanto, passado mais um ano, vários trechos de *Primavera negra* também se enraizaram em minha memória. É evidente que esses livros são do tipo que deixa uma marca — livros que "criam um mundo próprio", como se diz. Livros que fazem isso não são necessariamente bons, mas podem ser bons livros ruins, como *Raffles* [de Ernest William Hornung] ou os contos de Sherlock Holmes, ou perversos e mórbidos como *O morro dos ventos uivantes* ou *The house with the green shutters* [*A casa de venezianas verdes*, do escocês George Douglas Brown]. De vez em quando, porém, aparece um romance que mostra um novo mundo ao revelar não o que é estranho, mas o que é familiar. O aspecto realmente notável de *Ulisses*, por exemplo, é a banalidade de seu material. Claro que em *Ulisses* há mais do que isso, porque James Joyce é um pouco poeta e também um pedante mastodôntico, contudo seu feito verdadeiro foi passar o familiar para o papel. Ele ousou — porque é tanto uma questão de *ousadia* como de técnica — expor as tolices do íntimo e, ao fazê-lo, descobriu uma América que estava bem debaixo do nosso nariz. Nele se encontra todo um mundo de coisas com as quais se conviveu desde a infância, coisas que supúnhamos serem de natureza incomunicável, e alguém conseguiu comunicá-la. O efeito é romper, ao menos por alguns momentos, a solidão em que o ser humano vive. Quando lemos alguns trechos de *Ulisses*, sentimos que a cabeça de Joyce e a nossa são uma só, que ele conhece tudo sobre nós, embora nunca tenha sabido nosso nome, que existe um mundo fora do tempo e do espaço em que estamos todos juntos. E, embora não se assemelhe a Joyce em outras formas, existe um quê desse caráter em Henry Miller. Não em toda parte, porque sua obra é bastante desigual e às vezes, principalmente em *Primavera negra*, tende a se perder em verborragia ou no universo sediço dos surrealistas. Mas leia cinco, dez páginas dele, e o leitor sentirá o alívio peculiar que se origina não tanto do entendimento como de *ser entendido*. "Ele me conhece", sentimos; "ele escreveu especialmente para mim". É como se pudéssemos ouvir uma voz falando conosco, uma voz americana amiga, sem falsidades, sem propósito moral, apenas na presunção implícita de que somos todos iguais. Logo nos afastamos das mentiras e simplificações, do caráter estilizado e mecânico da ficção comum, inclusive da ficção bastante boa, e passamos a lidar com as experiências reconhecíveis dos seres humanos.

Mas que tipo de experiência? Que tipo de seres humanos? Miller escreve sobre o homem da rua, e, a propósito, é uma grande pena que seja uma rua cheia de bordéis. Essa é a punição por ele haver deixado sua terra natal. Significa transferir as raízes para um solo mais raso. O exílio é provavelmente mais danoso para um romancista do que para um pintor ou mesmo um poeta, porque o afasta do contato com o cotidiano do trabalho, reduzindo seu âmbito à rua, ao café, à igreja, ao bordel e ao pequeno apartamento. Nos livros de Miller é comum lermos sobre pessoas que vivem a vida do expatriado, pessoas que bebem, conversam, meditam e fornicam, e não sobre pessoas que trabalham, casam e criam filhos; uma pena, porque ele teria narrado bem tanto um conjunto de atividades quanto outro. Em *Primavera negra*, há um maravilhoso retrospecto de Nova York, da efervescente Nova York infestada de irlandeses do período de O. Henry [pseudônimo de William Sidney Porter], mas as cenas de Paris são as melhores, e dada sua total falta de mérito como tipos sociais, os bêbados e os parasitas dos cafés são personagens tratados com uma sensibilidade e uma mestria técnica sem par em qualquer outro romance recente. Todos eles são não apenas verossímeis como também totalmente familiares; temos a sensação de que todas as suas aventuras aconteceram conosco. Não que sejam aventuras muito surpreendentes. Henry arruma emprego com um melancólico estudante indiano, arruma outro emprego numa escola francesa medonha durante uma onda de frio, quando os banheiros estão congelados, entrega-se a bebedeiras em Le Havre com o amigo Collins, capitão do mar, frequenta bordéis onde há belas negras, conversa com o amigo Van Norden, romancista, que tem na cabeça o grande romance do mundo mas jamais se resolve a começar a escrevê-lo. O amigo Karl, à beira da inanição, é colhido por uma viúva endinheirada que deseja se casar com ele. Há intermináveis conversas hamletianas em que Karl tenta concluir o que seria pior, passar fome ou dormir com uma mulher velha. Com minúcia, ele narra as visitas à viúva, como foi ao hotel com sua melhor roupa, como antes de entrar se esqueceu de urinar, de maneira que a noite toda foi um longo crescendo de tormento, e assim por diante. E, afinal, nada disso é verdadeiro, a viúva nem sequer existe — Karl simplesmente a inventara para parecer importante. O livro inteiro segue mais ou menos nessa veia. Por que essas trivialidades escandalosas são tão absorventes? Apenas porque toda a atmosfera é profundamente familiar, porque o tempo todo temos a sensação de que essas coisas acontecem *conosco*. E temos essa sensação porque alguém resolveu abandonar a linguagem convencional do romance comum para expor em público a *real-politik* do íntimo. No caso de Miller, não é tanto uma questão de explorar o mecanismo da mente quanto de reconhecer os fatos e emoções cotidianos. Pois a verdade é que muitas pessoas comuns, talvez a grande maioria, falam e se comportam exatamente da maneira registrada no romance. A vulgaridade insensível com que os personagens de *Trópico de*

Câncer falam é raríssima em ficção mas extremamente comum na vida real; muitas vezes ouvi exatamente essas conversas de pessoas que não estavam sequer cientes de que falavam de forma vulgar. Vale observar que *Trópico de Câncer* não é um livro de um jovem. Miller estava com quarenta anos quando ele foi publicado e, embora desde então tenha produzido mais três ou quatro, é evidente que este primeiro livro fermentou durante anos. É desses livros que amadurecem devagar na pobreza e na obscuridade, de pessoas que sabem o que têm de fazer e, portanto, podem esperar. A prosa é admirável, e em partes de *Primavera negra* é ainda melhor. Lamentavelmente, não posso fazer citações; palavras impublicáveis se sucedem em quase todos os lugares. Mas que o leitor adquira *Trópico de Câncer*, adquira *Primavera negra* e leia em especial as primeiras cem páginas. Elas dão uma ideia do que pode ser feito com a prosa inglesa ainda hoje, mesmo que de maneira tardia. Nelas, o inglês é tratado como linguagem falada, mas falada *sem medo*, ou seja, sem medo da retórica ou da palavra incomum ou poética. O adjetivo está de volta depois de dez anos de exílio. É uma prosa fluente e intensa, uma prosa que contém ritmos, algo bem diferente das afirmações cautelosas e desenxabidas e dos linguajares de bar que estão na moda hoje.

Quando um livro como *Trópico de Câncer* surge, é natural que a primeira coisa que as pessoas notem seja sua obscenidade. Dadas as nossas noções atuais de decência literária, não é de modo algum fácil abordar um livro impublicável com distanciamento. Ou ficamos chocados e enojados, ou morbidamente excitados, ou decidimos sobretudo não nos impressionar. Esta última é talvez a reação mais comum, resultando daí que livros impublicáveis muitas vezes ganham menos atenção do que merecem. Está muito na moda dizer que nada é mais fácil do que escrever um livro obsceno, que as pessoas só fazem isso para que os outros falem delas e para ganhar dinheiro etc.

etc. O que deixa claro que esse *não* é o caso é que livros obscenos no sentido policial são visivelmente incomuns. Se fosse fácil ganhar dinheiro com palavras sujas, muito mais pessoas estariam ganhando. Mas como livros "obscenos" não aparecem com muita frequência, há uma tendência de pô-los no mesmo saco, procedimento bastante injustificável. *Trópico de Câncer* foi vagamente associado a dois outros livros, *Ulisses* e *Viagem ao fim da noite* [de Louis-Ferdinand Céline], mas em nenhum dos casos há muita semelhança. O que Miller tem em comum com Joyce é a disposição para mencionar os fatos vazios e sórdidos da vida comum. Deixando de lado diferenças de técnica, a cena do enterro em *Ulisses*, por exemplo, se encaixaria em *Trópico de Câncer*; o capítulo inteiro é uma espécie de confissão, uma exposição da insensibilidade interior do ser humano. Mas aí terminam as semelhanças. Como romance, *Trópico de Câncer* é bastante inferior a *Ulisses*. Joyce é um artista, num sentido em que Miller não é e provavelmente não desejaria ser, e está buscando muito mais. Está explorando estados de consciência, sonhos, devaneios (o capítulo do "bronze-por-ouro"), embriaguez etc. e encaixando tudo num vasto e complexo plano, quase como uma "trama" vitoriana. Miller é apenas uma pessoa endurecida falando da vida, um homem de negócios americano comum com coragem intelectual e dom para as palavras. Talvez seja significativo que se pareça exatamente com a ideia que todos fazem de um homem de negócios americano. Quanto à comparação com *Viagem ao fim da noite*, ela está ainda mais distante do ponto. Ambos os livros usam palavras impublicáveis, ambos são de certa forma autobiográficos, mas isso é tudo. *Viagem ao fim da noite* é um livro com um propósito, e esse propósito é protestar contra o horror e a falta de sentido da vida moderna — na verdade, *da vida*. É um grito de náusea insuportável, uma voz vinda da cloaca. *Trópico de Câncer* é quase precisamente o contrário. A coisa se tornou tão incomum que parece anômala, mas é o livro de um homem feliz. Assim também *Primavera negra*, embora um pouco menos, porque tem em algumas partes um toque de nostalgia. Com remanescentes de anos de vida de lumpemproletário, fome, vadiagem, sujeira, fracasso, noites ao léu, batalhas com oficiais da imigração, intermináveis lutas por um pouco de dinheiro, Miller descobre que se diverte. Exatamente os aspectos da vida que enchem Céline de horror são os que o atraem. Assim, longe de protestar, ele *aceita*. E é a palavra "aceitação" que evoca seu verdadeiro parentesco: Walt Whitman, outro americano.

Há um aspecto bastante curioso no fato de Whitman ser da década de 1930. Não se pode afirmar com segurança que, se estivesse vivo neste momento, Whitman escreveria alguma coisa que tivesse uma mínima semelhança com *Folhas da relva*. Porque o que ele diz é, afinal, "eu aceito", e há uma diferença radical entre a aceitação de hoje e a aceitação daquela época. Whitman escrevia numa época de prosperidade sem precedente; mais do que isso, escrevia num país em que a liberdade era mais do que uma palavra. A democracia, a igualdade e o companheirismo de que ele sempre fala não são ideais remotos, mas algo que existia diante dos olhos. Em meados do século XIX, nos Estados Unidos, os homens se sentiam livres e iguais, tanto quanto isso é possível fora de uma sociedade de comunismo puro. Havia pobreza e até distinção de classes, mas fora os negros não existia uma classe permanentemente carente. Todo mundo tinha no íntimo, como uma espécie de essência, a noção de que poderia alcançar uma vida decente, e isso sem ser subserviente. Quando lemos sobre os balseiros e timoneiros do Mississippi de Mark Twain ou sobre os garimpeiros de ouro do Oeste de Francis Brett Harte, eles parecem mais remotos do que os canibais da Idade da Pedra. Isso apenas porque são seres humanos livres. Mas ocorre o mesmo até com os pacíficos e domesticados Estados Unidos do leste, os Estados

Unidos de *Mulherzinhas* [de Louisa May Alcott], *Helen's babies* [de John Habberton] e *Riding down from Bangor* [*Viajando de Bangor*]. Durante a leitura, sentimos o caráter alegre e despreocupado da vida como uma sensação física no estômago. É isso que Whitman celebra, embora na verdade o faça pessimamente, porque é desses escritores que nos dizem o que devemos sentir em vez de nos fazer sentir. Felizmente para suas convicções, talvez, morreu muito antes de poder ver a deterioração da vida americana originada pela ascensão da indústria em grande escala e pela exploração da mão de obra barata dos imigrantes.

O ponto de vista de Miller é profundamente parecido com o de Whitman, e quase todos que o leram notaram isso. *Trópico de Câncer* termina com um trecho particularmente whitmanesco, no qual, depois das devassidões, dos embustes, das brigas, das bebedeiras e das tolices, ele simplesmente se senta e observa as águas do Sena correrem, numa espécie de aceitação mística da coisa como ela é. Mas o que ele aceita? Em primeiro lugar, não os Estados Unidos, e sim a velha ossaria da Europa, onde cada grão de solo provou a passagem de incontáveis corpos humanos. Em segundo lugar, não uma época de expansão e liberdade, mas uma época de medo, tirania e arregimentação. Dizer "aceito" numa época como a nossa é dizer que aceitamos campos de concentração, cassetetes de borracha, Hitler, Stalin, bombas, aviões, enlatados, metralhadoras, golpes de Estado, expurgos, slogans, esteiras de Bedaux, máscaras contra gases, submarinos, espiões, *provocateurs*, censura à imprensa, prisões secretas, aspirinas, filmes de Hollywood e assassinatos políticos. Não *só* essas coisas, claro, mas essas entre outras. E em geral é essa a atitude de Henry Miller. Não sempre, porque há momentos em que ele dá sinais de um tipo razoavelmente comum de nostalgia literária. Há um longo trecho na primeira parte de *Primavera negra*, em louvor à Idade Média, que como prosa deve ser uma das mais notáveis produções literárias dos últimos anos, mas exibe uma atitude não muito diferente da de Chesterton. Em *Max and the white phagocytes* [*Max e os fagócitos brancos*] há uma crítica à civilização moderna americana (flocos de cereais no café da manhã, celofane etc.) a partir do habitual ângulo do homem de letras que detesta o industrialismo. Mas em geral a atitude esperada é "que engulamos tudo". Daí a aparente preocupação com a indecência e com o lado sujo da vida. Apenas aparente, porque a verdade é que a vida, a vida cotidiana comum, compõe-se bem mais de horrores do que os escritores de ficção normalmente se sentem inclinados a admitir. O próprio Whitman "aceitou" muito do que seus contemporâneos consideravam indecente. Porque ele não escreveu apenas sobre as pradarias; também perambulou pela cidade e notou o crânio estraçalhado do suicida, os "rostos pálidos e cinzentos dos onanistas", e assim por diante. Mas sem dúvida nossa própria época, ao menos na Europa Ocidental, é menos saudável e menos esperançosa do que a época em que Whitman escreveu. Diferentemente de Whitman, vivemos num mundo *minguante*. As "vistas democráticas" terminaram em arames farpados. Há uma sensação menor de criação e crescimento, cada vez menos ênfase no berço, a ser embalado incessantemente, e cada vez mais ênfase no bule de chá, a ferver incessantemente. Aceitar a civilização *como ela é* significa na prática aceitar a decadência. Deixou de ser uma atitude enérgica e se tornou uma atitude passiva — até "decadente", se essa palavra significar alguma coisa.

Mas é exatamente por ser, de certo modo, passivo na experiência, que Miller consegue chegar mais perto do homem comum do que é possível em escritores com um propósito mais consciente. Porque o homem comum também é passivo. Dentro de um círculo estreito (a vida familiar, talvez o sindicato ou a política local), ele se sente senhor de seu destino, mas diante dos grandes acontecimentos é tão impotente como diante dos elementos da natureza. Assim, longe de se empenhar para influenciar o futuro, simplesmente relaxa e deixa que as coisas lhe aconteçam. Nos últimos dez anos, a literatura se envolveu de forma cada vez mais profunda com política, e o resultado disso foi que hoje há menos espaço nela para o homem do que em qualquer época nos últimos dois séculos. Podemos ver a mudança na atitude literária dominante ao comparar os livros escritos sobre a Guerra Civil Espanhola [1936-9] com os escritos sobre a Primeira Guerra Mundial, de 1914-8. O que surpreende de imediato com relação aos livros sobre a Guerra Civil Espanhola, ao menos os escritos em inglês, é que são terrivelmente obtusos e inábeis. Mas o mais significativo é que quase todos, direitistas ou esquerdistas, foram escritos de um ponto de vista político, por partidários dogmáticos que nos dizem o que pensar; ao passo que os livros sobre a Primeira Guerra Mundial foram escritos por soldados comuns ou oficiais subalternos que nem sequer tiveram a pretensão de entender do que se tratava. Livros como *Nada de novo no front* [Erich Maria Remarque], *Le feu*, *Adeus às armas* [Ernest Hemingway], *Death of a hero* [*Morte de um herói*, de Richard Aldington], *Good-bye to all that* [*Adeus a tudo isso*, de Robert Graves], *Memoirs of an infantry officer* [*Memórias de um oficial de infantaria*, de Siegfried Sassoon] e *A subaltern on the Somme* [*Um subalterno no Somme*, de Max Plowman/Mark VII] foram escritos não por propagandistas, mas por *vítimas*. Na verdade dizem: "Mas qual é o sentido disso? Só Deus sabe. Tudo o que podemos fazer é resistir". E embora ele não escreva sobre guerra nem, em geral, sobre infelicidade, isso se aproxima mais da atitude de Miller do que a onisciência em moda hoje. *Booster*, uma publicação periódica efêmera da qual foi coeditor, costumava qualificar a si mesma em anúncios como "não política, não educativa, não progressista, não cooperativa, não ética, não literária, não coerente, não contemporânea", e a própria obra de

Miller poderia ser qualificada quase nesses termos. É uma voz da multidão, dos subordinados, do vagão de terceira classe, do homem comum, passivo, apolítico, amoral.

Utilizei a expressão "homem comum" num sentido bastante vago, supondo que o "homem comum" exista, o que hoje algumas pessoas refutam. Não quero dizer que as pessoas sobre quem Miller escreve constituem a maioria, muito menos que ele escreve sobre proletários. Até hoje nenhum romancista inglês ou americano tentou isso com seriedade. Mas também as pessoas em *Trópico de Câncer* não chegam a ser comuns, uma vez que são ociosas, de reputação duvidosa e mais ou menos "artísticas". Como já disse, é uma pena, no entanto é o resultado inevitável da expatriação. O "homem comum" de Miller não é nem o trabalhador braçal nem o chefe de família subalterno, mas o pária, o *déclassé*, o aventureiro, o intelectual americano sem raízes e sem dinheiro. Ainda assim, mesmo experiências desse tipo coincidem razoavelmente com as de pessoas mais normais. Miller conseguiu extrair o máximo desse material bastante limitado porque teve a coragem de se identificar com ele. O homem comum, o "homem mediano sensual", recebeu o poder da fala, como a jumenta de Balaão.*

Alguém há de observar que isso é algo antiquado ou, de qualquer maneira, fora de moda. O homem mediano sensual está fora de moda. A atitude apolítica e passiva está fora de moda. A preocupação com o sexo e a veracidade da vida interior estão fora de moda. A Paris americana está fora de moda. Um livro como *Trópico de Câncer*, publicado naquela época, deve ser uma preciosidade fastidiosa ou algo incomum, e penso que a maioria das pessoas que o leu concordaria que não é o primeiro. Vale a pena tentar descobrir exatamente o que significa essa fuga da

* Velho Testamento, *Números*, 22-4.

moda literária atual. Mas para isso é necessário vê-lo em relação a seus antecedentes — ou seja, em relação ao desenvolvimento geral da literatura inglesa nos vinte anos a partir da Primeira Guerra Mundial.

2

Quando se diz que um escritor está na moda, sempre se quer dizer na prática que ele é admirado por pessoas com menos de trinta anos. No início do período a que me refiro, os anos durante e imediatamente após a guerra, o escritor com a mais profunda influência sobre o jovem racional foi quase com certeza Alfred Edward Housman. Housman exerceu uma enorme influência sobre os adolescentes de 1910 a 1925, que hoje não é fácil entender. Em 1920, quando eu tinha cerca de dezessete anos, é provável que soubesse de cor todo o *A Shropshire lad* [*Um rapaz do condado de Shrop*]. Gostaria de saber que impressão *A Shropshire lad* causa neste momento num rapaz da mesma idade e mais ou menos com a mesma mentalidade. Sem dúvida ouviu falar dele e até passou os olhos nos poemas; talvez lhe pareçam de uma habilidade bastante barata — talvez isso seja tudo. No entanto, esses são os poemas que eu e meus contemporâneos costumávamos declamar para nós mesmos, repetidas vezes, numa espécie de êxtase, assim como gerações anteriores declamaram *Love in a valley* [*Amor no vale*], de Meredith, *The garden of Proserpine* [*O jardim de Prosérpina*], de Swinbourne, e assim por diante.

De pesar meu coração carregado,
Pois tive amigos preciosos,
Muitas donzelas de lábios rosados
E muitos rapazes graciosos.

À margem de regatos largos
Os rapazes graciosos descansam;
Dormem as donzelas de lábios rosados
*Em campos onde rosas se desmancham.**

Simplesmente retine. Mas não parecia retinir em 1920. Por que a bolha sempre estoura? Para responder a essa pergunta, temos de levar em conta as condições *externas* que tornam determinados escritores populares em determinadas épocas. Os poemas de Housman não chamaram muita atenção ao ser publicados pela primeira vez. O que havia neles que atraiu tão profundamente uma única geração, a geração nascida por volta de 1900?

Em primeiro lugar, Housman é um poeta do "campo". Seus poemas estão cheios do encanto de vilarejos em algum rincão, da nostalgia do nome de lugares, Clunton e Clunbury, Knighton, Ludlow, "na serrania de Wenlock Edge", "a primavera na colina de Bredon", telhados de colmo e o tinido de forjas, junquilhos silvestres nos pastos, "lembranças de colinas azuis". Poemas de guerra à parte, a poesia inglesa do período de 1910-25 é principalmente "campestre". O motivo era, sem dúvida, que a classe *rentier* profissional estava deixando, de uma vez por todas, de ter qualquer relação real com o solo; mas de toda maneira prevalecia então, bem mais do que hoje, uma espécie de pretensão de pertencer ao campo e de desdenhar a cidade. A Inglaterra daquela época não era muito mais um campo agrícola do que é hoje, mas, antes de as indústrias leves começarem a se espalhar, era mais fácil imaginar que fosse. A maioria dos rapazes de classe média cresceu nas cercanias de uma fazenda, e naturalmente era o lado pitoresco da vida na fazenda que os

* *With rue my heart is laden/ For golden friends I had,/ For many a rose-lipt maiden/ And many a lightfood lad.// By brooks too broad for leaping/ The lightfoot boys are laid;/ The rose-lipt girls are sleeping/ In fields where roses fade.* (N. T.)

atraía — a lavra, a colheita, a malhação dos grãos e assim por diante. A não ser que ele mesmo tivesse de fazê-lo, é improvável que um rapaz prestasse atenção ao terrível trabalho enfadonho de limpar o terreno entre os nabos, ordenhar vacas de tetas gretadas às quatro da manhã etc. Exatamente antes, exatamente depois e, na realidade, durante a guerra, foi a grande época do "poeta da natureza", o auge de Richard Jefferies e W. H. Hudson. "Grantchester", de Rupert Graves, o poema proeminente de 1913, não passa de um enorme jorro de sentimentalismo "campestre", uma espécie de vômito acumulado de um estômago entupido de topônimos. Apreciado como poema, "Grantchester" é algo pior do que sem mérito, mas como ilustração do que o jovem racional de classe média daquele período *sentia* é um documento valioso.

Housman, porém, não se entusiasmou com as roseiras-trepadeiras existentes no espírito de fim de semana de Brooke e de outros. O motivo "campo" está presente o tempo inteiro, mas sobretudo em segundo plano. A maioria dos poemas tem um tema quase humano, uma espécie de campônio estilizado, na realidade Strephon ou Corydon atualizados. Isso por si só exerce um apelo profundo. A experiência mostra que pessoas civilizadas em excesso apreciam ler sobre campônios (frase-chave: "apegados ao chão") porque os imaginam mais primitivos e apaixonados do que elas mesmas. Daí os romances sobre a "terra negra" de Sheila Kaye-Smith, e coisas do gênero. E naquela época um rapaz de classe média, com propensão para o "campo", identificava-se com um trabalhador do campo como jamais pensaria em fazê-lo com um trabalhador da cidade. A maioria dos rapazes tinha na cabeça uma visão idealizada de um lavrador, de um cigano, de um caçador ou de um couteiro, sempre representados como selvagens, livres, errantes, vivendo uma vida de quem captura coelhos em armadilhas, vai à rinha, tem cavalos, cerveja e mulheres. "The everlasting mercy" [A piedade eterna], de Masefield, outro valioso poema do período e extremamente popular entre rapazes por volta dos anos da guerra, dá-nos essa visão de uma forma bastante grosseira. Mas os Maurice e Terence de Housman não podiam ser levados a sério quando Saul Kane de Masefield não podia; neste seu lado, Housman era Masefield com uma pitada de Teócrito. Além do mais, todos os seus temas são adolescentes — assassínio, suicídio, amor infeliz, morte prematura. Tratam dos desastres simples e inteligíveis que nos dão a sensação de confrontar os "fatos fundamentais" da vida:

O sol arde na colina semirroçada,
A esta hora o sangue secado;
E Maurice jaz imóvel no feno
*Minha faca em seu flanco.**

E também:

Agora nos enforcam na prisão de Shrewsbury:
Os apitos soam desesperados
E trens gemem nos trilhos a noite inteira
*Por homens que morrem na alvorada.***

Tudo mais ou menos no mesmo diapasão. Tudo malogra. "*Dick lies long in the churchyard, and Ned lies long in jail*" [Dick jaz no átrio da igreja, e Ned jaz na cadeia]. E note também a refinada autocomiseração, o sentimento de "ninguém me ama":

* *The sun burns on the half-mown hill,/ By now the blood is dried;/ And Maurice amongst the hay lies still/ And my knife is in his side.* (N. T.)

** *They hang us now in Shrewsbury jail:/ The whistles blow forlorn,/ And trains all night groan on the rail/ To men that die at morn.* (N. T.)

As gotas diamantinas que adornam
Teu túmulo raso na planície,
Estas são as lágrimas da manhã,
*Que pranteia, mas não por ti.**

Difícil de engolir, meu caro! Poemas desse tipo foram escritos em especial para adolescentes. E o invariável pessimismo sexual (a garota sempre morre ou se casa com outro) soava como sabedoria para os rapazes que eram arrebanhados em internatos e meio que tendiam a considerar mulheres algo inatingível. Duvido que Housman alguma vez tenha exercido a mesma atração sobre as moças. Em seus poemas, o ponto de vista da mulher não é levado em consideração; ela é apenas a ninfa, a sereia, a traiçoeira criatura semi-humana que nos conduz por uma curta distância e depois se safa de nós.

Mas Housman não teria atraído de maneira profunda os jovens em 1920 se não fosse por outra tendência, uma tendência irreverente, antinômica, "cínica". O conflito que sempre ocorre entre as gerações foi excepcionalmente acrimonioso no fim da Primeira Guerra Mundial; isso em parte por causa da própria guerra e em parte como resultado indireto da Revolução Russa, mas em todo caso se esperava uma luta intelectual naquela época. Devido talvez à tranquilidade e à segurança da vida na Inglaterra, que mesmo a guerra mal perturbou, muitas das pessoas que formaram seus conceitos na década de 1880, ou antes, os sustentaram sem muitas modificações na década de 1920. Nesse meio-tempo, no que dizia respeito à geração mais jovem, as convicções oficiais se dissolviam como castelos de areia. O declínio da crença religiosa, por exemplo, foi impressionante. Durante anos o antago-

* *The diamond drops adorning/ Thy low mound on the lea,/ These are the tears of morning,/ That weeps, but not for thee.* (N. T.)

nismo velho/jovem assumiu um caráter de verdadeiro ódio. Os que restaram da geração da guerra escaparam do massacre para constatar que os mais velhos ainda berravam os bordões de 1914, e uma geração de jovens ligeiramente mais novos estremecia sob o domínio de mestres-escolas celibatários de mentalidade sórdida. Eram eles que Housman atraía com sua revolta sexual implícita e seu ressentimento pessoal contra Deus. Verdade que era patriótico, mas de modo antiquado e inócuo, com sua cota de casacos vermelhos e "Deus salve a rainha", em vez de capacetes de aço e "Enforquem o *kaiser* ". E era anticristão o suficiente — apoiava uma espécie de paganismo rancoroso e desafiador, a convicção de que a vida é curta e os deuses estão contra nós, o que se ajustava com perfeição à disposição de ânimo predominante dos jovens; e tudo em sua poesia frágil e encantadora, quase toda composta de palavras monossilábicas.

Percebe-se que discuti Housman como se ele não passasse de um propagandista, um proferidor de máximas e "trechinhos" citáveis. Claro que era mais do que isso. Não há necessidade de subestimá-lo agora só porque ele foi superestimado alguns anos atrás. Embora hoje em dia nos metamos em dificuldades por dizer isto, vários de seus poemas ("Into my heart an air that kills" [No meu coração um ar que mata], por exemplo, e "Is my team ploughing?" [Meu time está avançando?]) provavelmente não passarão muito tempo sem aprovação. Mas no fundo é sempre uma tendência do escritor, seu "propósito", sua "mensagem", que o faz cair no agrado ou no desagrado. Prova disso é a extrema dificuldade de vermos algum mérito literário num livro que abale seriamente nossas convicções mais profundas. E nenhum livro é de todo neutro. Uma ou outra tendência é sempre discernível, tanto na poesia como na prosa, mesmo que não seja mais do que determinar a forma e a escolha de imagens. Mas os poetas que ganham ampla popularidade, como Housman, são, em geral, escritores indiscutivelmente gnômicos.

Depois da guerra, depois de Housman e dos poetas da natureza, aparece um grupo de escritores de tendências completamente diferentes — Joyce, Eliot, Pound, D. H. Lawrence, Wyndham Lewis, Aldous Huxley, Lytton Strachey. No que se refere a meados e a fins da década de 1920, eles são "o movimento", tão certo quanto o grupo de Auden e Spender foi "o movimento" nos últimos anos. É verdade que nem todos os escritores talentosos do período se encaixam no modelo. E. M. Forster, por exemplo, embora tenha escrito seu melhor livro por volta de 1923, foi essencialmente anterior à guerra, e Yeats não parece em nenhuma de suas fases pertencer à década de 1920. Outros que ainda viviam, George Moore, Conrad, Bennet, H. G. Wells, Norman Douglas, fizeram o melhor possível antes de a guerra ter acontecido. De outro lado, um escritor que se deveria acrescentar ao grupo, embora no sentido literário restrito mal "pertença" a ele, é Somerset Maugham. Evidentemente as datas não se ajustam com precisão; a maioria desses escritores já havia publicado livros antes da guerra, mas podem ser classificados como de pós-guerra da mesma forma que os mais jovens que hoje escrevem são pós-declínio. De igual modo, claro, podemos ler a maioria das publicações literárias da época sem entender que essas pessoas são "o movimento". Naquela época, muito mais do que em outros tempos, os grandes do jornalismo literário se ocupavam em fazer de conta que a geração anterior à última ainda não havia chegado ao fim. John Collings Squire dominava a *London Mercury*, Gibbs e Walpole eram os deuses das bibliotecas circulantes, cultuava-se a animação e a virilidade, cerveja e críquete, cachimbos de urze-branca e monogamia, e era sempre possível ganhar alguns guinéus escrevendo um artigo que condenasse "intelectuais". Mas ainda assim foram os intelectuais desdenhados que conquistaram os jovens. O vento soprava da Europa, e bem antes de 1930 desarmara a escola da cerveja e do críquete, porém não seus cavaleiros.

Mas a primeira coisa que notamos sobre o grupo de escritores que mencionei acima é que eles não aparentam formar um grupo. Além disso, vários deles objetariam categoricamente ser associados a vários outros. Lawrence e Eliot eram na realidade antagônicos, Huxley venerava Lawrence, mas era rejeitado por Joyce, a maioria dos demais desprezava Huxley, Strachey e Maugham, e Lewis por sua vez criticava todo mundo; de fato, sua reputação como escritor reside em grande parte nessas críticas. No entanto há alguma semelhança de temperamento, bastante evidente hoje, embora não o fosse há doze anos. Essa semelhança chega a ser um *pessimismo de perspectiva*. Mas é necessário esclarecer o que quero dizer com pessimismo.

Se a tônica dos poetas georgianos era a "beleza da natureza", a tônica dos escritores do pós-guerra seria o "sentido trágico da vida". O espírito subjacente nos poemas de Housman, por exemplo, não é trágico, simplesmente queixoso; é o do hedonismo desiludido. O mesmo é verdade sobre Thomas Hardy, embora devamos abrir uma exceção para *The dynasts* [*Os dinastas*]. Mas o grupo Joyce-Eliot veio mais tarde no tempo, o puritanismo não é seu principal adversário, desde o início eles são capazes de "enxergar através" da maior parte das coisas pelas quais seus predecessores lutaram. Todos são impetuosamente hostis à noção de "progresso"; sente-se que o progresso não só não acontece como também *não deveria* acontecer. Apontada essa semelhança genérica, existem, claro, diferenças de abordagem entre os escritores que mencionei, assim como graus de talento bastante diferentes. O pessimismo de Eliot é em parte o pessimismo cristão, que sugere alguma diferença no sofrimento humano, em parte um lamento sobre a decadência da civilização ocidental ("Somos os homens ocos, somos os homens empalhados", e assim por diante), uma espécie de sentimento de crepúsculo dos deuses que por fim o leva, por exemplo em "Sweeney Agonistes", a realizar a difícil façanha de tornar a vida moderna pior do que ela é. Com Strachey é simplesmente um polido ceticismo do século XVIII mesclado com o gosto de desmascarar. Com Maugham é uma espécie de resignação estoica, a coragem do saíbe genuíno em algum lugar a leste do Suez, dando prosseguimento à tarefa sem acreditar nela, como um imperador Antonine. Lawrence à primeira vista não parece um escritor pessimista porque, como Dickens, é um homem que muda de sentimentos e insiste o tempo todo que a vida aqui e agora seria aceitável se ao menos a encarássemos de maneira um pouco diferente. Mas o que ele pede é um movimento de distanciamento de nossa civilização mecanizada, o que não vai acontecer, e ele sabe que não vai. Assim, sua exasperação com o presente se transforma uma vez mais em idealização do passado, desta vez um passado mítico seguro, a Idade do Bronze. Quando Lawrence prefere os etruscos (os etruscos *dele*) a nós mesmos é difícil discordar, e no entanto, afinal, é uma espécie de derrotismo, porque essa não é a direção para a qual o mundo ruma. O tipo de vida que ele sempre sugere, uma vida concentrada nos mistérios simples — sexo, terra, fogo, água, sangue —, é apenas uma causa perdida. Tudo o que foi capaz de apresentar, portanto, é um desejo de que as coisas aconteçam de uma forma que evidentemente não vão acontecer. "Uma onda de generosidade ou uma onda de morte", diz ele, mas é óbvio que não existem ondas de generosidade neste lado do horizonte. Então ele foge para o México, depois morre aos quarenta e cinco anos, alguns anos antes de ocorrer a onda de morte. Percebe-se que uma vez mais falo dessas pessoas como se não fossem artistas, como se fossem apenas propagandistas transmitindo uma "mensagem". E uma vez mais é óbvio que todos eram mais do que isso. Seria absurdo, por exemplo, considerar *Ulisses* como *apenas* uma exposição do horror da vida moderna, a "era suja do *Daily Mail* ", como expressou Pound. Joyce é de fato mais "artista puro" do que a maioria dos escritores. Mas *Ulisses* não poderia ter sido escrito por alguém que estivesse apenas trabalhando superficialmente com modelos de palavras; é o produto de uma visão de vida especial, a visão de um católico que perdeu a fé. O que Joyce está dizendo é: "Aqui está a vida sem Deus. Olhe para ela!", e as inovações técnicas, ainda que importantes, estão presentes primeiramente para servir a esse propósito.

Mas o perceptível em todos esses escritores é que o "propósito" que têm está muitíssimo no ar. Não há atenção para os problemas urgentes do momento, sobretudo não há política no sentido mais estrito. Nossos olhos são dirigidos para Roma, para Bizâncio, para Montparnasse, para o México, para os etruscos, para o subconsciente, para o plexo solar — para tudo, menos para os lugares onde as coisas de fato ocorrem. Quando olhamos para a década de 1920, nada é mais estranho do que a maneira como cada evento importante escapou à observação da *intelligentsia* inglesa. A Revolução Russa, por exemplo, por pouco não desaparece da consciência inglesa entre a morte de Lenin e a fome na Ucrânia — um período de cerca de dez anos. Durante todos esses anos, a Rússia significa Tolstoi, Dostoievski e condes exilados que dirigiam táxis. A Itália significa galerias de arte, ruínas, igrejas e museus — mas não camisas-negras. A Alemanha significa filmes, nudismo e psicanálise — mas não Hitler, de quem quase ninguém ouviu falar até 1931. Nos círculos "cultos", a arte pela arte se estendeu praticamente a uma adoração do sem sentido. A literatura deveria consistir tão só da manipulação de palavras. Julgar um livro pelo assunto era um pecado imperdoável, e mesmo estar ciente desse assunto era considerado um deslize de bom gosto. Por volta de 1928, em uma das três piadas realmente engraçadas que a *Punch* publicou desde a Primeira Guerra Mundial, um rapaz intolerável é retratado informando a tia de que pretende "escrever". "E escrever sobre o quê, meu querido?", pergunta a tia. "Minha querida tia", responde o rapaz, com paixão, "a gente não escreve *sobre* alguma coisa, a gente apenas *escreve*." Os melhores escritores da década de 1920 não aderem a essa doutrina, seu "propósito" é, na maioria dos casos, razoavelmente patente, mas em geral é um "propósito" no sentido moral, religioso e cultural. Ademais, quando traduzível em termos políticos, não é de modo algum "esquerda". De uma forma ou de outra, a tendência de todos os escritores desse grupo é conservadora. Lewis, por exemplo, passou anos enfrenesiado a desconfiar de bruxas depois do "bolchevismo", que ele era capaz de detectar nos lugares mais improváveis. Recentemente mudou algumas de suas opiniões, talvez influenciado pelo tratamento que Hitler deu aos artistas, mas é prudente apostar que não irá muito longe para a esquerda. Pound parece ter definitivamente descambado para o fascismo, ao menos na modalidade italiana. Eliot permaneceu à parte, mas, se forçado sob a mira de um revólver a escolher entre fascismo e alguma forma mais democrática de socialismo, provavelmente escolheria o fascismo. Huxley principia com a habitual desesperança da vida, depois, sob a influência do "abdome escuro" de Lawrence, tenta algo chamado "adoração da vida" e por fim chega ao pacifismo — uma posição defensável, e nesse momento bastante louvável, mas que talvez a longo prazo envolva a rejeição ao socialismo. É também perceptível que a maioria dos escritores nesse grupo tem algum afeto pela Igreja católica, embora geralmente não do tipo que um católico ortodoxo aceitaria.

A ligação mental entre pessimismo e uma perspectiva reacionária é sem dúvida bastante óbvia. Talvez menos óbvio seja exatamente *por que* escritores importantes da década de 1920 eram predominantemente pessimistas. Por que sempre o sentimento de decadência, os crânios e os cáctus, o anseio pela perda da fé e das civilizações impossíveis? Não seria, afinal, *porque* essas pessoas escreviam numa época excepcionalmente confortável? Só em tempos assim o "desespero cósmico" pode medrar. As pessoas de barriga vazia jamais perdem a esperança no universo, aliás nem sequer pensam no universo. Todo o período de 1910-30 foi próspero, e mesmo os anos da guerra foram fisicamente toleráveis, para quem não fosse combatente de um dos países aliados. Quanto à década de 1920, foi a idade de ouro do intelectual *rentier*, um período de irresponsabilidade que o mundo jamais vira antes. A guerra estava acabada, os novos Estados totalitários não tinham surgido, os tabus morais e religiosos de todos os tipos haviam desaparecido, e o dinheiro circulava. A "desilusão" era a grande moda. Todo mundo de posse de quinhentas libras seguras por ano se transformou em intelectual e começou a se exercitar em *taedium vitae*. Era uma época de insígnias e pães de minuto, desesperos inautênticos, Hamlets de quintal, passagens de ida e volta baratas no fim da noite. Em alguns romances característicos menores do período, livros como *Told by an idiot* [*Contado por um idiota*], a desesperança da vida chega a uma atmosfera de banho turco de autocomiseração. E mesmo os melhores escritores da época podem ser acusados de uma atitude olímpica, uma presteza demasiado grande para lavar as mãos em relação ao problema prático imediato. Veem a vida de forma bastante ampla, muito mais do que os que vieram imediatamente antes ou depois deles, mas a veem através da extremidade errada do telescópio. Não que isso invalide seus livros enquanto livros. O primeiro teste de qualquer obra de arte é a sobrevivência, e é fato que grande parte do que foi escrito no período de 1910-30 sobreviveu e parece que continuará a sobreviver. Basta pensar em *Ulisses*, *Servidão humana*, boa parte das primeiras obras de Lawrence, sobretudo seus contos, e praticamente a totalidade dos poemas de Eliot até cerca de 1930, para nos perguntarmos se o que está sendo escrito hoje será tão durável.

Mas eis que muito de repente algo acontece nos anos de 1930-5. O clima literário muda. Surge um novo grupo de escritores, Auden, Spender e outros, e, embora tecnicamente devam alguma coisa a seus predecessores, a "tendência" desses escritores é totalmente diferente. De súbito saímos do crepúsculo dos deuses para entrar numa espécie de atmosfera de escoteiro, de joelhos à mostra e cantoria coletiva. O homem literário típico deixa de ser um expatriado culto com pendor para a Igreja para se tornar um colegial de mentalidade entusiasta com pendor para o comunismo. Se a tônica dos escritores da década de 1920 é "sentimento trágico da vida", a tônica dos novos escritores é "propósito sério".

As diferenças entre as duas escolas são examinadas com certa minúcia no livro *Modern poetry*, de Louis MacNeice. Esse livro, claro, é escrito inteiramente do ponto de vista do grupo mais jovem e se fia na superioridade de seus critérios. De acordo com MacNeice:

> Os poetas de *New signatures* [publicado em 1932], diferentemente de Yeats e Eliot, são partidários em termos emocionais. Yeats propôs voltar as costas para o desejo e o ódio; Eliot se recostou e observou as emoções alheias com tédio e uma autocomiseração irônica [...] Por outro lado, toda a poesia de Auden, Spender e Day Lewis sugere que eles têm seus próprios desejos e ódios, e, ademais, que pensam que algumas coisas *devem* ser desejadas, e outras, odiadas.

E também:

> Os poetas de *New signatures* resgataram [...] a preferência dos gregos por informação ou afirmação. O primeiro requisito é ter algo a dizer, e depois disso é necessário dizê-lo da melhor maneira possível.

Em outras palavras, o "propósito" voltou, os escritores mais jovens "entraram na política". Como já salientei, Eliot e cia. não são realmente assim não partidários como MacNeice parece sugerir. Contudo, de modo geral é verdade que na década de 1920 a ênfase literária foi mais na técnica e menos no assunto do que é hoje.

As figuras principais desse grupo são Auden, Spender, Day Lewis, MacNeice e uma longa sequência de escritores de tendência mais ou menos semelhante: Isherwood, John Lehmann, Arthur Calder-Marshall, Edward Upward, Alec Brown, Philip Henderson e muitos outros. Como antes, eu os misturo conforme a tendência. Sem dúvida há grandes variações de talento. Mas, quando comparamos esses escritores com a geração de Joyce e Eliot, notamos de imediato que é muito mais fácil incluí-los num grupo. Tecnicamente estão bastante próximos, politicamente são quase indistinguíveis, e as críticas que fizeram das obras uns dos outros sempre foram (para dizer com meias palavras) boas. Os escritores excepcionais da década de 1920 tinham origens bastante variadas, poucos passaram pela moenda educacional inglesa comum (a propósito, os melhores deles, Lawrence à parte, não eram ingleses), e muitos tiveram em determinado momento que lutar contra a pobreza, o descaso e até a perseguição total e absoluta. De outro lado, quase todos os escritores mais jovens se encaixam no modelo escola particular-universidade-Bloomsbury. Os poucos de origem proletária pertencem ao tipo que é desclassificado cedo na vida, primeiro por meio de bolsas de estudos, depois pelo banho descorante da "cultura" londrina. É significativo que vários escritores desse grupo foram não só alunos como também, posteriormente, professores em escolas particulares. Há alguns anos, qualifiquei Auden como "uma espécie de Kipling sem coragem". Como crítica isso não tinha o menor valor, na verdade era apenas uma observação maldosa, mas é fato que na obra de Auden, principalmente em sua obra inicial, uma atmosfera de exaltação — algo muito semelhante ao "If", de Kipling, ou ao "Play up, play up, and play the game!" [Pega, pega e jogue o jogo!], de Henry Newbolt — nunca parece estar muito distante. Tomemos, por exemplo, um poema como "You're leaving now, and it's up to you boys" [Estão de partida agora, rapazes, e depende de vocês], de Cecil Day Lewis. É puro chefe de escoteiro, o tom exato da conversa franca de dez minutos sobre os perigos da masturbação. Sem dúvida existe um elemento de paródia intencional. E, claro, o tom bastante presumido comum à maioria desses escritores é um sintoma de alívio. Ao lançarem a "arte pura" pela borda afora se libertaram do receio de que fossem ridicularizados e ampliaram enormemente o escopo. O lado profético do marxismo, por exemplo, é material novo para a poesia e tem grandes possibilidades:

Somos nada.
Caímos
No escuro e seremos destruídos.
Mas pense que nesta escuridão
Detemos o eixo secreto de uma ideia
*Cuja roda-viva ensolarada gira em anos futuros no lado de fora.**

(Spender, "Trial of a judge")

* *We are nothing./ We have fallen/ Into the dark and shall be destroyed./ Think though, that in this darkness/ We hold the secret hub of an idea/ Whose living sunlit wheel revolves in future years outside.* (N. T.)

Mas ao mesmo tempo, por ser literatura marxizada, não chegou mais perto das massas. Mesmo levando em conta o intervalo entre a causa e a consequência, Auden e Spender estão um tanto mais longe de serem escritores populares do que Joyce e Eliot, e Lawrence mais ainda. Como antes, existem muitos escritores contemporâneos que estão fora da tendência, mas não resta muita dúvida quanto ao que *é* a tendência. Em meados e fins da década de 1930, Auden, Spender e cia. *são* "o movimento", como Joyce, Eliot e cia. foram na década de 1920. E o movimento segue na direção de uma coisa muito mal definida chamada comunismo. Por volta de 1934, 1935, considerava-se excêntrico nos círculos literários não ser mais ou menos "esquerda", e em um ou dois anos se desenvolveu uma ortodoxia esquerdista que tornou certo conjunto de opiniões absolutamente *de rigueur* em determinados assuntos. Começara a ganhar terreno (vide Edward Upward e outros) a ideia de que um escritor deve ou ser ativamente de "esquerda", ou escrever mal. Entre 1935 e 1939, o Partido Comunista tinha um fascínio quase irresistível por qualquer escritor com menos de quarenta anos. Tornou-se tão comum ouvir dizer que fulano "se aliou" como fora comum anos antes, quando o catolicismo romano estava na moda, ouvir dizer que fulano tinha sido "aceito". Por cerca de três anos, de fato, o curso central da literatura inglesa esteve mais ou menos diretamente sob o controle dos comunistas. Como foi possível que isso acontecesse? E, ao mesmo tempo, o que se queria dizer com "comunismo"? É melhor primeiro responder à segunda pergunta.

O movimento comunista na Europa Ocidental começou como um movimento para a derrocada violenta do capitalismo e degenerou, em poucos anos, num instrumento da política externa russa. Isso foi provavelmente inevitável quando a fermentação revolucionária que se seguiu à Primeira Guerra Mundial se extinguiu. Tanto quanto sei, a única historiografia abrangente desse assunto em inglês é o livro de Franz Borkenau, *The Communist International.* O que os fatos apresentados por Borkenau, bem mais do que suas deduções, deixam claro é que o comunismo jamais poderia ter se desenvolvido com seus traços atuais se algum sentimento revolucionário real tivesse existido nos países industrializados. Na Inglaterra, por exemplo, é evidente que nenhum sentimento desse tipo existira em anos passados. As patéticas figuras do quadro de membros de todos os partidos extremistas mostram isso com clareza. É natural, portanto, que o movimento comunista inglês tivesse de ser controlado por pessoas mentalmente subservientes à Rússia, que não têm nenhum objetivo real senão manipular a política externa britânica no interesse da Rússia. É claro que não se pode admitir tal objetivo abertamente, e é esse fato que dá ao Partido Comunista um caráter peculiar. O tipo de comunista mais sonante é, na prática, um agente de publicidade russo que se faz passar por um socialista internacional. É uma postura mantida com facilidade em tempos normais, mas se torna difícil em momentos de crise, pelo fato de que a URSS já não é mais escrupulosa em sua política externa do que o resto das grandes potências. Alianças, mudanças de frente e assim por diante, que só fazem sentido como parte do jogo da política de poder, têm de ser explicadas e justificadas sob a ótica do socialismo internacional. Toda vez que Stalin troca de parceiros, o "marxismo" tem de ser forjado em um novo molde. Isso acarreta necessariamente mudanças repentinas e violentas de "linha", expurgos, delações, destruição sistemática da literatura do partido etc. Todo comunista está na verdade sujeito, a qualquer momento, a ter de alterar suas convicções mais fundamentais, ou então sair do partido. O dogma inquestionável da segunda-feira pode se tornar a heresia condenável da terça-feira, e por aí afora. Isso aconteceu ao menos três vezes durante os últimos dez anos. Segue-se que, em qualquer país ocidental, um partido comunista é sempre instável e em geral bem pequeno. Seus filiados de longa data constituem um círculo interno de intelectuais que se identificaram com a burocracia russa e um grupo um pouco mais amplo de pessoas da classe operária que sentem uma lealdade com a Rússia soviética sem necessariamente entender sua política. No mais, existe apenas um quadro inconstante de membros, um lote entrando e outro saindo a cada mudança de "linha".

Em 1930, o Partido Comunista inglês era uma organização ainda mal legalizada e minúscula cuja principal atividade era difamar o Partido Trabalhista. Mas em 1936 a face da Europa havia mudado, e com ela mudou a política esquerdista. Hitler subira ao poder e começara a se rearmar, os planos quinquenais da Rússia obtiveram êxito, a Rússia ressurgira como uma grande potência militar. Como os três alvos de ataque de Hitler eram, ao que tudo indicava, Grã-Bretanha, França e URSS, os três países foram compelidos a uma espécie de apreensivo *rapprochement*. Isso significava que o comunista inglês ou francês estava obrigado a se tornar um bom patriota e imperialista — ou seja, a defender as próprias coisas que vinha combatendo nos últimos quinze anos. Os slogans do Comintern de repente desbotaram do vermelho para o rosa. "Revolução mundial" e "Fascismo social" deram lugar a "Defesa da democracia" e "Detenham Hitler!". Os anos de 1935-9 foram o período do antifascismo e da frente popular, o auge do Left Book Club [1936-48], quando duquesas vermelhas e decanos "liberais" percorreram os campos de batalha da guerra espanhola e Winston Churchill era o garoto de olhos azuis do *Daily Worker*. É claro que desde então houve mais uma mudança de "linha". Mas o importante para meu propósito é que foi durante a fase "antifascista" que os escritores ingleses mais jovens sentiram-se atraídos pelo comunismo.

O entrevero fascismo-democracia era sem dúvida e por si só

uma atração, mas em todo caso a conversão era esperada por volta daquela data. Estava claro que o capitalismo *laissez-faire* tinha acabado e que deveria haver algum tipo de reconstrução; no mundo de 1935, existia pouca possibilidade de permanecer politicamente indiferente. Mas por que esses jovens se voltaram para algo tão alienígena como o comunismo russo? Por que deveriam *os escritores* ser atraídos por uma forma de socialismo que torna a honestidade mental impossível? A explicação reside em algo que já se tinha feito sentir antes do colapso e antes de Hitler: o desemprego da classe média.

Desemprego não é apenas uma questão de não ter trabalho. Muitas pessoas podem *arrumar* algum tipo de trabalho mesmo nas piores épocas. O problema era que em 1930 não havia atividades em que uma pessoa racional pudesse crer, exceto talvez a pesquisa científica, as artes e a política esquerdista. O desmascaramento da civilização ocidental atingira o clímax, e o "desencanto" estava muitíssimo difundido. Quem podia agora ter como certo dar continuidade à vida no modo classe média normal, como um soldado, um clérigo, um corretor da Bolsa, um funcionário público indiano ou o quê? E quantos dos valores que nortearam nossos avós podiam ser levados a sério? Patriotismo, religião, o Império, a família, a santidade do matrimônio, a escola tradicional, nascimento, procriação, honra, disciplina — qualquer um com uma educação convencional podia virar tudo isso do avesso em três minutos. Mas o que alcançamos, afinal, ao nos desfazer de coisas tão primitivas como patriotismo e religião? Não nos desfazemos obrigatoriamente da necessidade de *algo em que acreditar*. Houve uma espécie de aurora falsa alguns anos antes, quando inúmeros intelectuais jovens, inclusive vários escritores bastante talentosos (Evelyn Waugh, Christopher Hollis, entre outros), refugiaram-se na Igreja católica. É significativo que essas pessoas tenham aderido quase invariavelmente à Igreja romana, e não, por exemplo, à Igreja anglicana, à Igreja ortodoxa grega ou às seitas protestantes. Quer dizer, aderiram a uma Igreja com organização mundial, com disciplina rígida, com poder e prestígio. Talvez valha a pena observar que o único convertido de época recente com um talento realmente de primeira ordem, Eliot, tenha abraçado não o catolicismo romano, mas o anglo-catolicismo, o equivalente eclesiástico do trotskismo. Não creio, porém, que seja preciso procurar mais longe o motivo pelo qual os escritores jovens da década de 1930 afluíram ao Partido Comunista, ou para ele tenderam. Foi simplesmente algo em que acreditar. Eis aqui uma igreja, um exército, uma ortodoxia, uma disciplina. Eis aqui uma pátria e — ao menos desde 1935 ou coisa assim — um Fuehrer. Todas as lealdades e superstições que o intelecto havia aparentemente banido podiam retornar às pressas sob os disfarces mais transparentes. Patriotismo, religião, império, glória militar — tudo em uma palavra: Rússia. Pai, rei, líder, herói, salvador — tudo em uma palavra: Stalin. Deus: Stalin. O diabo: Hitler. Céu: Moscou. Inferno: Berlim. Todas as lacunas foram preenchidas. Assim, afinal, o "comunismo" do intelectual inglês é algo bastante explicável. É o patriotismo do desenraizado.

Mas há uma coisa que sem dúvida contribuiu para o culto da Rússia entre a *intelligentsia* inglesa durante esses anos: a serenidade e a segurança da vida na própria Inglaterra. Com todas as suas injustiças, a Inglaterra ainda é a terra do habeas corpus, e a esmagadora maioria dos ingleses não tem experiência com violência ou ilegalidade. Quando crescemos nesse tipo de ambiente, nunca é fácil imaginar como é um regime despótico. Quase todos os escritores influentes da década de 1930 pertenciam à classe média emancipada e moderada, e eram jovens demais para ter memórias reais da Primeira Guerra Mundial. Para pessoas desse tipo, coisas como expurgos, polícia secreta, execuções sumárias, prisão sem julgamento etc. são muito remotas para ser aterrorizantes. Podem engolir o totalitarismo *porque* não têm experiência de coisa alguma, exceto do liberalismo. Examinemos, por exemplo, este trecho do poema "Spain", de Auden (aliás, este poema é uma das poucas coisas decentes que foram escritas sobre a Guerra Civil Espanhola):

Amanhã para os jovens, os poetas explodindo como bombas,
Os passeios à margem do lago, as semanas de perfeita
[confraternização;
Amanhã as corridas de bicicleta
Pelos subúrbios em tardes de verão. Mas hoje a luta.

Hoje o aumento deliberado nas chances de morte,
A aceitação consciente de culpa no assassínio necessário;
Hoje o dispêndio de forças
*No efêmero panfleto e na reunião enfadonha.**

A segunda estrofe pretende ser uma espécie de esboço em miniatura de um dia na vida de "um bom homem de partido". De manhã, dois crimes políticos, um breve intervalo para sufocar o remorso "burguês", depois um almoço apressado, uma tarde ocupada, uma noite rabiscando em paredes com giz e distribuindo panfletos. Tudo muito edificante. Mas note a frase "assassínio necessário". Só poderia ser escrita por uma pessoa para quem assassínio nada mais é que uma *palavra*. Eu não falaria de forma tão leviana de assassínio. Vi os corpos de muitos homens assassi-

* *Tomorrow for the young, the poets exploding like bombs,/ The walks by the lake, the weeks of perfect communion;/ Tomorrow the bicycle races/ Through the suburbs on summer evenings. But today the struggle.// Today the deliberate increase in the chances of death,/ The conscious acceptance of guilt in the necessary murder;/ Today the expending of powers/ On the flat ephemeral pamphlet and the boring meeting.* (N. T.)

nados — não quero dizer mortos em batalha, quero dizer assassinados. Portanto tenho uma concepção do que assassínio significa — o terror, o ódio, o lamento dos parentes, as autópsias, o sangue, os odores. Para mim, assassínio é algo a ser evitado. Assim é para qualquer pessoa normal. Os Hitlers e os Stalins acham o assassínio necessário, mas não apregoam sua insensibilidade e não se referem a ele como assassínio; é "liquidação", "eliminação" ou alguma outra palavra branda. A marca de amoralismo de Auden só é possível para um tipo de pessoa que está sempre em algum outro lugar quando apertam o gatilho. Muito do pensamento esquerdista é uma espécie de brincadeira com fogo feita por pessoas que nem sequer sabem que fogo queima. A beligerância a que a *intelligentsia* inglesa se entregou no período de 1935-9 foi amplamente baseada numa noção de imunidade pessoal. A atitude foi bem diferente na França, onde é difícil escapar do serviço militar e mesmo os literatos conhecem o peso de uma mochila.

Quase no fim do livro recente de Cyril Connolly, *Enemies of promise*, ocorre uma passagem interessante e reveladora. A primeira parte do livro é, mais ou menos, uma análise da literatura atual. Connolly pertence à geração dos escritores do "movimento" e, sem muitas reservas, faz seus os valores dele. É interessante notar que entre os prosadores ele admira acima de tudo os especializados em violência — a escola americana supostamente dura, Ernest Hemingway etc. A última parte do livro, porém, é autobiográfica e consiste num relato, fascinantemente preciso, da vida numa escola preparatória e em Eton nos anos de 1910-20. Connolly termina com a observação:

> Se eu tivesse de concluir alguma coisa sobre minha impressão ao deixar Eton, poderia chamá-la *A teoria da adolescência permanente*. É a teoria de que a experiência pela qual os rapazes passam nas

grandes escolas particulares é tão intensa que lhes domina a vida e lhes impede o desenvolvimento.

Quando lemos a segunda frase desse trecho, nosso impulso natural é procurar o erro tipográfico. Provavelmente se omitiu um "não" ou algo assim. Mas não, nada disso! É o que ele quer dizer! E mais, ele está simplesmente falando a verdade, de maneira inversa. A vida da classe média "culta" atingiu uma profundidade tão branda que se pode considerar uma educação de escola particular — cinco anos numa banheira morna de esnobismo — como um período repleto de acontecimentos. Para quase todos os escritores que tiveram importância durante a década de 1930, o que mais sucedeu além dos registros de Connolly em *Enemies of promise*? É sempre o mesmo modelo o tempo todo: escola particular, universidade, algumas viagens ao exterior, depois Londres. Fome, penúria, solidão, exílio, guerra, prisão, perseguição, trabalho braçal — mal são sequer palavras. Não admira que a enorme tribo conhecida como "as pessoas direitas de esquerda" [*the right left people*] achou tão fácil tolerar o lado expurgo e Ogpu do regime russo e os horrores do primeiro plano quinquenal. Era magnificamente incapaz de entender o significado de tudo isso.

Em 1937, toda a *intelligentsia* estava mentalmente na guerra. O pensamento esquerdista se restringiu ao "antifascismo", ou seja, a um negativo, e uma torrente de literatura rancorosa dirigida contra a Alemanha e políticos supostamente favoráveis à Alemanha jorrou da imprensa. Para mim, a coisa assustadora em relação à guerra na Espanha não foi a violência que testemunhei, nem mesmo as rixas partidárias detrás das linhas, mas a imediata reaparição nos círculos esquerdistas da atmosfera mental da Primeira Guerra Mundial. As próprias pessoas que por vinte anos haviam rido de sua própria superioridade para combater a histeria foram as que voltaram correndo para a miséria mental de 1915. Todas as familiares idiotices do período da guerra, caça a espiões, suspeita de ortodoxia (Suspeite, suspeite. Você é um bom antifascista?), a venda a varejo de inacreditáveis relatos de atrocidades, voltaram à moda como se os anos intermediários nunca tivessem existido. Antes do fim da guerra espanhola, e mesmo antes de Munique, alguns dos melhores escritores esquerdistas começaram a sentir um mal-estar. Nem Auden nem Spender escreveram sobre a guerra espanhola no estilo que se esperava deles. Desde então houve uma mudança de sentimento e muito desânimo e confusão, porque o curso atual de acontecimentos tornou absurda a ortodoxia esquerdista dos últimos anos. Mas também não era necessária muita sagacidade para perceber que grande parte era absurdo desde o princípio. Não há certeza, portanto, de que a próxima ortodoxia a surgir será melhor do que a última.

No todo, a história literária da década de 1930 parece justificar a opinião de que um escritor faz bem em ficar fora da política. Porque qualquer escritor que aceite, ou aceite parcialmente, a disciplina de um partido político cedo ou tarde se defrontará com a alternativa: seguir a linha, ou se calar. Claro que é possível seguir a linha e continuar escrevendo — de acordo com um modelo. Qualquer marxista pode demonstrar com a maior facilidade que a liberdade "burguesa" de pensamento é uma ilusão. Mas quando terminar a demonstração restará o *fato* psicológico de que sem essa liberdade "burguesa" a capacidade criativa seca. No futuro poderá surgir uma literatura totalitária, mas será bem diferente de qualquer coisa que possamos imaginar agora. A literatura como a conhecemos é algo individual, que exige honestidade mental e um mínimo de censura. E isso é ainda mais verdadeiro na prosa do que na poesia. É provável que não seja uma coincidência que os melhores escritores da década de 1930 tenham sido poetas. A atmosfera da ortodoxia é sempre prejudicial à prosa e, sobretudo, totalmente desastrosa para o romance, a mais anárquica de todas as formas literárias. Quantos católicos romanos foram bons romancistas? Mesmo o punhado que podemos mencionar compõe-se em geral de maus católicos. O romance é praticamente uma forma protestatória de arte; é um produto da mente livre, do indivíduo autônomo. Nenhuma década dos últimos cento e cinquenta anos foi tão desprovida de prosa imaginativa como a de 1930. Houve bons poemas, boas obras de sociologia, panfletos brilhantes, mas quase nenhuma ficção de algum mérito. De 1933 em diante, o clima mental foi cada vez mais contrário. Qualquer pessoa sensível o bastante para ser tocada pelo *zeitgeist* também estava envolvida em política. Nem todos, claro, estavam de forma indiscutível *no* ramo da política, mas quase todo mundo estava em sua periferia e mais ou menos envolvido em campanhas de propaganda e controvérsias sórdidas. Comunistas e quase comunistas tiveram uma influência desproporcionalmente grande nas críticas literárias. Era uma época de rótulos, slogans e subterfúgios. Nos piores momentos, esperava-se que nos trancássemos numa pequena gaiola de mentiras que causava constipação; nos melhores, uma espécie de censura voluntária ("Devo dizer isso? Será pró-fascista?") atuava na cabeça de quase todo mundo. É quase inconcebível que bons romances sejam escritos em tal atmosfera. Bons romances não são escritos por farejadores de ortodoxia nem por pessoas extremamente conscientes de sua própria não ortodoxia. Bons romances são escritos por pessoas *sem medo*. Isso me leva de volta a Henry Miller.

3

Se este fosse um momento provável para o lançamento de "escolas" literárias, Henry Miller poderia ser o ponto de partida de uma nova "escola". De qualquer maneira ele assinala uma inesperada oscilação do pêndulo. Em seus livros, deixamos de imediato o "animal político" e voltamos para um ponto de vista não apenas individualista, mas completamente passivo — o ponto de vista de um homem que acredita que a marcha do mundo escapa a seu controle e que, para dizer a verdade, nem deseja muito controlá-la.

Conheci Miller no fim de 1936, quando eu passava por Paris a caminho da Espanha. O que me mais me intrigou nele foi constatar que não tinha o menor interesse na guerra na Espanha. Ele só me disse em termos convincentes que ir para a Espanha naquele momento era o ato de um idiota. Compreendia que alguém fosse por motivos puramente egoístas, movido pela curiosidade, por exemplo, mas se envolver em coisas assim *por um sentimento de obrigação* era pura estupidez. De qualquer forma, minhas ideias sobre o combate ao fascismo, a defesa da democracia etc. eram todas pura garganta. Nossa civilização estava destinada a desaparecer e ser substituída por algo tão diferente que mal poderíamos considerar humano — uma perspectiva que não o afligia, disse. E um pouco dessa atitude está implícita em todas as suas obras. Em toda parte está presente a sensação do cataclismo que se aproxima, e em quase toda parte a convicção subentendida de que não importa. Tanto quanto sei, sua única declaração publicada é puramente negativa. Há uns dois anos, uma revista americana, a *Marxist Quarterly*, enviou um questionário a vários escritores americanos em que lhes pedia que definissem sua posição sobre o tema da guerra. Miller respondeu com um pacifismo radical, mas simplesmente um pacifismo pessoal, uma recusa individual a lutar, sem o desejo manifesto de converter outros a ter a mesma opinião — na verdade, quase uma declaração de irresponsabilidade.

No entanto, existe mais de um tipo de irresponsabilidade.

Em geral, escritores que não desejam se identificar com o processo histórico do momento ou o ignoram, ou lutam contra ele. Se conseguirem ignorá-lo, é bem provável que sejam tolos. Se conseguirem entendê-lo bem o suficiente para querer lutar contra ele, provavelmente têm visão bastante para se dar conta de que não vencerão. Tomemos, por exemplo, um poema como "The scholar gipsy" [O cigano douto, de Matthew Arnold], com sua investida contra a "estranha enfermidade da vida moderna" e seu magnífico símile derrotista na última estrofe. Ele expressa uma das atitudes literárias típicas, talvez de fato a atitude predominante durante os últimos cem anos. E, de outro lado, existem os "progressistas", os afirmativos, o tipo Shaw-Wells, sempre dando um salto para a frente para abraçar as projeções do ego que confundem com o futuro. Em geral, os escritores da década de 1920 seguiram a primeira direção, e os da década de 1930, a segunda. E em qualquer momento, claro, existe uma enorme classe de Barries, Deepings e Dells que simplesmente não notam o que está acontecendo. O ponto em que a obra de Miller é importante de forma sintomática é o de evitar qualquer uma dessas atitudes. Ele nem impulsiona a marcha do mundo nem tenta detê-la, mas também não a ignora de jeito nenhum. Devo dizer que ele acredita na ruína iminente da civilização ocidental com muito mais firmeza do que a maioria dos escritores "revolucionários"; só que não se sente exortado a fazer algo a respeito. Ele vadia enquanto Roma arde em chamas, e, ao contrário da grande maioria das pessoas que o fazem, vadia com o rosto voltado para as chamas.

Em *Max and the white phagocytes*, há um desses trechos reveladores em que o escritor nos conta bastante de si mesmo ao falar de outra pessoa. O livro inclui um longo ensaio sobre os diários de Anaïs Nin, que nunca li, a não ser alguns fragmentos, e que acho que ainda não foram publicados. Miller afirma que constituem a única escrita feminina realmente verdadeira jamais surgida, seja lá o que isso signifique. Mas o trecho interessante é um em que ele compara Anaïs Nin — claro que uma escritora totalmente introvertida e subjetiva — a Jonas nas entranhas da baleia. De passagem, ele se refere a um ensaio que Aldous Huxley escreveu há alguns anos sobre o quadro de El Greco *O sonho de Felipe Segundo*. Huxley observa que as pessoas nos quadros de El Greco sempre dão a impressão de estar nas entranhas de baleias, e confessa que vê algo de peculiarmente horrível na ideia de estar numa "prisão visceral". Miller retruca que, ao contrário, existem coisas muito piores do que ser engolido por baleias, e o trecho deixa claro que ele mesmo acha a ideia bastante atraente. Aqui ele se refere ao que é provavelmente uma fantasia bastante difundida. Vale a pena talvez notar que todo mundo, ao menos as pessoas de fala inglesa, invariavelmente fala de Jonas e da *baleia*. Claro que a criatura que engoliu Jonas era um peixe, e assim está descrito na Bíblia (Jonas, 1, 17), mas crianças a confundem com uma baleia, e esse fragmento de linguagem infantil é em geral transferido para a vida de adulto — um sinal, quem sabe, do poder que o mito de Jonas exerce sobre a nossa imaginação. Pelo fato de que estar dentro de uma baleia pode ser uma ideia bem confortável, aconchegante, cômoda. O Jonas histórico, se é possível chamá-lo assim, ficou muito contente de escapar, mas na imaginação, no devaneio, inúmeras pessoas o invejaram. É claro que o motivo para isso é óbvio. As entranhas da baleia são apenas um útero grande o suficiente para conter um adulto. Lá ficamos, no espaço almofadado e escuro em que nos encaixamos perfeitamente, com metros de gordura entre nós e a realidade, capazes de manter uma atitude da mais completa indiferença, não importa *o que* aconteça. Uma tempestade que naufragaria todos os navios de guerra do mundo mal nos atingiria em forma de eco. Mesmo os movimentos da baleia provavelmente nos seriam imperceptíveis. Ela poderia nadar entre as ondas da superfície ou mergulhar na escuridão dos oceanos médios (uma milha de profundidade, de acordo com Herman Melville), que jamais notaríamos a diferença. Com a exceção da morte, é o estágio sem igual, definitivo, da irresponsabilidade. E, seja como for no caso de Anaïs Nin, não resta dúvida de que o próprio Miller está dentro da baleia. Todos os melhores e mais característicos trechos foram escritos do ponto de vista de Jonas, um Jonas de bom grado. Não que ele seja especialmente introvertido — é bem o contrário. Em seu caso, ocorre que a baleia é transparente. Só que ele não sente o impulso de alterar ou controlar o processo por que passa. Ele realizou o ato essencial de Jonas de tragar a si mesmo, e não ser tragado, permanecendo passivo, *aceitando.*

Ficará claro o que isso significa. É uma espécie de quietismo, que implica uma descrença total ou então um nível de crença que leva ao misticismo. A atitude é "*Je m'en fous*", ou "Embora Ele me mate, Nele confiarei", conforme o modo como se encara; para propósitos práticos, ambos são idênticos, a moral nos dois casos é "Não faça nada". Mas, numa época como a nossa, será uma atitude defensável? Note que é quase impossível conter essa pergunta. No momento em que escrevemos, ainda estamos num período em que se tem como certo que livros deveriam ser sempre positivos, sérios e "construtivos". Doze anos atrás, essa ideia teria sido recebida com risinhos. ("Minha querida tia, a gente não escreve *sobre* alguma coisa, a gente apenas *escreve.*") Depois o pêndulo oscilou da frívola noção de que a arte é meramente técnica, mas oscilou a uma distância muito grande, a ponto de se afirmar que um livro só pode ser "bom" se estiver fundamentado numa versão "verdadeira" da vida. Evidentemente, as pessoas que acreditam nisso também acreditam que elas mesmas estão de posse da verdade. Críticos católicos, por exemplo, tendem a afirmar que livros são "bons" apenas quando têm uma tendência católica. Críticos marxistas dizem o mesmo, com mais ênfase, sobre livros marxistas. Por exemplo, Edward Upward ("A marxist interpretation of literature", em *The mind in chains* [A mente acorrentada]):

> A crítica literária que visa ser marxista tem de [...] proclamar que nenhum livro escrito *presentemente* pode ser "bom" a menos que seja escrito de um ponto de vista marxista ou quase marxista.

Vários escritores fizeram afirmações semelhantes ou comparáveis. Upward grifa "presentemente" porque se dá conta de que é impossível, por exemplo, rejeitar *Hamlet* sob a alegação de que Shakespeare não era marxista. Não obstante, seu interessante ensaio apenas toca muito de leve e concisamente nesse obstáculo. Grande parte da literatura do passado que chegou até nós é permeada por, e de fato fundamentada em, crenças (por exemplo, a crença na imortalidade da alma) que hoje nos parecem falsas e, em alguns casos, tolas a ponto de ser desprezíveis. No entanto, é "boa" literatura, se a sobrevivência for um critério. Upward sem dúvida replicaria que uma crença apropriada vários séculos atrás poderia ser hoje inapropriada, e portanto absurda. Mas isso não nos leva muito mais adiante, porque pressupõe que em qualquer época haverá *um* conjunto de crenças que é a aproximação atual da verdade, e que a melhor literatura da época estará mais ou menos em harmonia com ela. De fato, tal uniformidade jamais existiu. Para citar um exemplo, no século XVII na Inglaterra havia uma divisão religiosa e política que se assemelhava nitidamente ao antagonismo esquerda—direita de hoje. Se olhasse para trás, a maioria das pessoas modernas sentiria que o ponto de vista burguês puritano era uma aproximação melhor da verdade do que o católico e feudal. Mas decerto não é o caso que todos ou mesmo uma maioria dos melhores escritores da época fossem puritanos. E, mais do que isso, existem "bons" escritores cuja visão de mundo seria em *qualquer* época reconhecida como falsa e absurda. Edgar

Allan Poe é um exemplo. O ponto de vista de Poe é, na melhor das hipóteses, um romantismo impetuoso e, na pior das hipóteses, não está longe da insanidade no sentido clínico literal. Por que motivo então narrativas como "O gato preto", "O coração denunciador", "A queda da casa de Usher" etc., que poderiam muito bem ter sido escritas por um louco, não transmitem uma sensação de falsidade? Porque são verdadeiras dentro de uma estrutura específica, mantêm os preceitos de seu próprio mundo peculiar, como uma pintura japonesa. Mas é evidente que para escrever com êxito sobre um mundo assim é preciso acreditar nele. Percebemos a diferença de pronto ao comparar os contos de Poe com o que é, em minha opinião, uma tentativa insincera de provocar uma atmosfera equivalente, o *Minuit*, de Julian Green. O que de imediato nos chama a atenção em *Minuit* é que não há por que ocorrer qualquer um dos acontecimentos contidos nele. Tudo é arbitrário; não há consequência emocional. E é exatamente isso que *não* sentimos nas narrativas de Poe. Sua lógica maníaca, em seu próprio meio, é bastante convincente. Quando, por exemplo, o bêbado agarra o gato preto e lhe arranca os olhos com um canivete, sabemos exatamente *por que* fez isso, até a ponto de sentir que teríamos feito o mesmo. Parece, portanto, que para um escritor criativo a posse da "verdade" é menos importante do que a sinceridade emocional. Nem mesmo Upward afirmaria que tudo de que um escritor precisa é um treinamento marxista. Ele também precisa de talento. Mas talento, aparentemente, é uma questão de ser capaz de *se empenhar*, de *acreditar* de fato em crenças, sejam elas falsas ou verdadeiras. Para exemplificar, a diferença entre Céline e Evelyn Waugh é uma diferença de intensidade emocional. É a diferença entre a desesperança genuína e uma desesperança que é ao menos em parte uma pretensão. E a essa se acrescenta outra consideração talvez menos óbvia: a de que há ocasiões em que é mais provável que uma crença "inverídica" seja sustentada com sinceridade do que uma "verídica".

Quando examinamos os livros de memórias escritos sobre a guerra de 1914-8, notamos que quase todos os que continuaram legíveis após a passagem do tempo foram escritos de um ponto de vista negativo, passivo. São registros de algo totalmente inexpressivo, um pesadelo que ocorre num vazio. Não era a verdade exata acerca da guerra, mas a verdade acerca de uma reação individual. O soldado que avança em direção à linha de fogo das metralhadoras ou que permanece imerso até a cintura numa trincheira inundada sabia apenas que aquela era uma experiência aterradora na qual estava praticamente impotente. O mais provável é que escrevesse um bom livro com base nessa impotência e ignorância do que um com base numa pretensa capacidade de enxergar todo o quadro em perspectiva. Quanto aos livros escritos durante a guerra, os melhores foram quase todos de pessoas que simplesmente viraram as costas e procuraram não notar que a guerra estava acontecendo. E. M. Forster relatou que em 1917 leu *Prufrock* e outros primeiros poemas de Eliot e que, numa época como aquela, esses poemas o estimularam a apreciar poemas "destituídos da causa pública":

> Cantavam em verso o desagrado e a desconfiança privados, pessoas que pareciam sinceras porque eram sem atrativos ou frágeis [...] Nisso havia um protesto, e um protesto ineficaz, e ainda mais adequado por ser ineficaz [...] Quem pudesse se apartar e se queixar de senhoras e salões preservava uma pequena gota de nosso amor-próprio, dava continuidade à herança humana.

Muito bem dito. Louis MacNeice, no livro a que já me referi, cita este trecho e acrescenta um tanto presumidamente:

> Dez anos mais tarde, protestos menos ineficazes foram feitos por poetas, e a herança humana teve continuidade de maneira diferente [...] A reflexão de um mundo de fragmentos torna-se maçante, e os sucessores de Eliot estão mais interessados em lhes dar uma ordem.

Comentários semelhantes se acham espalhados em todo o livro de MacNeice. Ele deseja que acreditemos que os "sucessores" de Eliot (ou seja, MacNeice e seus amigos) de algum modo "protestaram" com mais eficácia do que Eliot ao publicar *Prufrock* no momento em que os exércitos aliados atacavam a linha de Hindenburg. Só não sei onde encontrar esses "protestos". Mas no contraste entre o comentário de Forster e o de MacNeice reside toda a diferença entre um homem que sabe como foi a guerra de 1914-8 e um homem que mal se lembra dela. A verdade é que em 1917 nada havia que uma pessoa racional e sensível pudesse fazer exceto permanecer humana, se possível. E um gesto de impotência, até de frivolidade, seria a melhor maneira de conseguir isso. Se eu fosse um soldado que tivesse combatido na Primeira Guerra Mundial, teria ido atrás de *Prufrock*, e não de *The first hundred thousand* [*Os primeiros cem mil*] ou *Letters to the boys in the trenches* [*Cartas aos jovens nas trincheiras*], de Horatio Bottomley. Teria sentido, como Forster, que simplesmente ficando à parte e mantendo contato com as emoções do período anterior à guerra, Eliot estava dando continuidade à herança humana. Que alívio deve ter sido em tal época ler sobre as hesitações de um intelectual de meia-idade com sinais de calvície! Tão diferente do exercício com baionetas! Depois das bombas, das filas para a ração e dos cartazes de recrutamento, uma voz humana! Que alívio!

Mas, afinal, a guerra de 1914-8 foi apenas um momento mais grave de uma crise quase contínua. Nessa época, nem é necessária uma guerra para demonstrar a desintegração de nossa sociedade e a impotência cada vez maior de todas as pessoas honestas. É por esse motivo que penso que se justifica a atitude passiva e não cooperativa implícita na obra de Henry Miller. Seja ou não uma expressão do que as pessoas *deveriam* sentir, provavelmente se aproxima de algum modo da expressão do que elas sentem de fato. Uma vez mais, é a voz humana entre as explosões de bombas, uma voz americana amigável, "destituída da causa pública". Nenhum sermão, apenas a verdade subjetiva. E nesse sentido, é claro, ainda é possível que um bom romance seja escrito. Não necessariamente um romance edificante, mas um romance que mereça ser lido e que talvez seja lembrado após a leitura.

Enquanto eu escrevia este livro [*Inside the whale*, publicado em 1940], estourou outra guerra europeia. Durará vários anos e arrasará a civilização ocidental ou acabará de maneira inconcludente, preparando o caminho para outra guerra que completará o serviço de uma vez por todas. Mas guerra é apenas "paz intensificada". O que está acontecendo de forma bastante óbvia, guerra ou não guerra, é o colapso do capitalismo do *laissez-faire* e da cultura cristã liberal. Até recentemente, não se previam as implicações amplas disso porque em geral se imaginava que o socialismo poderia preservar, e inclusive expandir, a atmosfera de liberalismo. Agora se começa a perceber o quanto essa ideia era falsa. Quase com certeza estamos rumando para uma era de ditaduras totalitárias — uma era em que a liberdade de pensamento será a princípio um pecado mortal e mais tarde uma abstração sem sentido. O indivíduo autônomo será eliminado da existência. Isso significa que a literatura, da forma como a conhecemos, deve sofrer ao menos uma morte temporária. A literatura do liberalismo está chegando ao fim, e a literatura do totalitarismo ainda não surgiu e mal pode ser imaginada. Quanto ao escritor, ele está sentado numa geleira em liquefação; ele não passa de um anacronismo, de um remanescente da era burguesa, tão condenado como o hipopótamo. Miller me parece um homem incomum por ter visto e proclamado esse fato bem antes da maioria de seus contemporâneos — numa época em que muitos deles na verdade apenas balbuciavam a respeito de uma renascença da literatura. Anos antes Wyndham Lewis dissera que a história principal da língua inglesa estava acabada, mas se baseava em motivos diferentes e bastante triviais. Daqui para a frente, porém, o fato de grande importância para o escritor criativo será que este mundo não é o de um escritor. Isso não significa que ele não possa ajudar a fazer nascer uma nova sociedade, mas não pode participar do processo *como escritor.* Porque *como escritor* ele é um liberal, e o que ocorre é a destruição do liberalismo. Parece provável, portanto, que nos anos que restam de expressão livre qualquer romance que mereça ser lido seguirá mais ou menos o curso que Miller seguiu — não digo na técnica ou na temática, mas no ponto de vista implícito. A atitude passiva voltará, e será mais conscientemente passiva do que antes. Progresso e reação demonstraram ser embustes. Ao que parece, nada restou exceto quietismo — despojar a realidade de seus horrores pela simples submissão a ela. Entre nas entranhas da baleia — ou, antes, admita estar dentro da baleia (porque, claro, você *está*). Entregue-se à marcha do mundo, pare de lutar contra ela ou de fingir que a controla; limite-se a aceitá-la, suportá-la, registrá-la. Essa parece ser a fórmula que qualquer romancista sensível provavelmente adotará agora. Um romance numa linha mais positiva, "construtiva", e não emocionalmente espúrio, é agora muito difícil de imaginar.

Com isso quero dizer que Miller é um "grande autor", uma nova esperança para a prosa inglesa? Nada disso. O próprio Miller seria o último a afirmar ou desejar tal coisa. Sem dúvida ele continuará a escrever — qualquer um que tenha começado sempre continuará a escrever —, e junto com ele existem muitos escritores de tendência parecida, Lawrence Durrell, Michael Fraenkel e outros, quase formando uma "escola". Mas ele mesmo me parece em essência um homem de um livro só. Cedo ou tarde, devo esperar que caia na ininteligibilidade ou no charlatanismo; há sinais de ambos em suas obras posteriores. Seu livro mais recente, *Trópico de Capricórnio*, nem cheguei a ler. Não porque não tenha querido, mas porque a polícia e as autoridades alfandegárias até agora lograram me impedir de obter um exemplar. No entanto eu me surpreenderia se o livro chegasse perto de *Trópico de Câncer* ou dos primeiros capítulos de *Primavera negra*. Assim como alguns romancistas autobiográficos, Miller foi capaz de fazer apenas uma coisa com perfeição, e o fez. Levando em conta o que foi a ficção da década de 1930, já é alguma coisa.

Os livros de Miller são publicados pela Obelisk Press, de Paris. O que acontecerá com a Obelisk Press, agora que a guerra estourou e Jack Kahane, o editor, morreu, não sei, mas de qualquer maneira os livros ainda podem ser obtidos. Recomendo enfaticamente a quem não o tenha feito que leia ao menos *Trópico de Câncer*. Com um pouco de perspicácia, ou pagando um pouco mais sobre o preço de publicação, o leitor pode consegui-lo, e mesmo que partes dele o desagradem, ele ficará na memória. É além disso um livro "importante", num sentido diferente daquele em que normalmente se emprega a palavra. Em geral, são chamados de "importantes" romances que são uma "acusação espantosa" de uma coisa ou outra ou que introduzem alguma inovação técnica. Nada disso se aplica a *Trópico de Câncer*. Sua importância é puramente sintomática. Trata-se, em minha opinião, do único escritor de prosa imaginativa de algum valor surgido entre os povos de fala inglesa nos últimos tempos. Ainda que se objete que isso é um exagero, provavelmente se reconhecerá que Miller é um escritor fora do comum, que merece mais do que uma simples passada d'olhos; e, por fim, trata-se de um escritor totalmente negativo, não construtivo, amoral, um mero Jonas, um aceitante passivo do mal, uma espécie de Whitman entre cadáveres. Sintomaticamente, isso é mais significativo do que o simples fato de que cinco mil romances são publicados por ano na Inglaterra e quatro mil e novecentos deles são uma porcaria. É uma demonstração da *impossibilidade* de qualquer literatura de vulto até o mundo se reorganizar em novos moldes.

New Directions in Prose and Poetry, 1940.

6. Meu país à direita ou à esquerda

Ao contrário da crença popular, o passado não foi mais rico de acontecimentos do que o presente. Se assim parece é porque, quando se olha para trás, fatos acontecidos de modo isolado num intervalo de anos se condensam, e pouquíssimas recordações nos ocorrem em estado verdadeiramente puro. Deve-se em grande parte a livros, filmes e memórias divulgados nesse ínterim a suposição de que a guerra de 1914-8 teve um extraordinário caráter épico que falta à atual.

Mas quem estava vivo durante aquela guerra, e desembaraçou suas recordações dos acréscimos posteriores, verificará que em geral os grandes acontecimentos da época não comoviam. Não creio que a Batalha do Marne, por exemplo, teve para o público o caráter melodramático que lhe conferiram depois. Nem sequer me lembro de ter ouvido a expressão "Batalha do Marne" até anos depois. Era só que os alemães estavam a uns trinta quilômetros de Paris — por certo isso era muito aterrorizante, após os relatos da atrocidade belga — e então, por algum motivo, recuaram. Eu tinha onze anos quando a guerra começou. Se estou realmente pondo em ordem minhas recordações e desconsiderando o que vim a saber desde então, devo admitir que nada em toda a guerra me tocou mais e de modo mais profundo do que a perda do *Titanic* anos antes. O desastre, comparativamente sem importância, chocou o mundo inteiro, e o choque ainda mal havia passado. Lembro-me dos terríveis e detalhados relatos lidos em voz alta à mesa durante o café da manhã (naquele tempo era costume ler jornais em voz alta) e de que, na extensa lista de horrores, o que mais me impressionou foi que no fim o *Titanic* de repente se aprumou e afundou primeiro com a proa, de maneira que as pessoas que se agarravam à popa foram erguidas nada menos do que novecentos metros no ar antes de imergir no abismo. Isso me provocou uma sensação de frio na barriga que sinto até hoje. Nada na guerra jamais me provocou esse tipo de sensação.

Da eclosão da guerra, guardo três lembranças vívidas que, por serem banais e irrelevantes, estão livres da influência de tudo o que ocorreu mais tarde. Uma é a do cartum do "Imperador alemão" (acho que o abominado nome "kaiser" só se popularizou pouco depois), publicado nos últimos dias de julho. As pessoas ficaram um tanto chocadas com essa caçoada da realeza ("Mas é um homem muito elegante, ora se é!"), embora estivéssemos à beira da guerra. Outra é a da época em que o Exército requisitou todos os cavalos de nossa cidadezinha interiorana e um taxista se desfez em lágrimas na feira livre quando lhe tomaram o cavalo, que trabalhara para ele anos a fio. E outra é a de um grupo de rapazes na estação ferroviária disputando os jornais da tarde que haviam acabado de chegar no trem de Londres. E me recordo das pilhas de jornais verde-claros (alguns ainda eram verdes naqueles dias), das golas altas, das calças justas e dos chapéus-coco bem mais do que me recordo dos nomes das terríveis batalhas que já estavam sendo travadas na fronteira francesa.

Dos anos intermediários da guerra, recordo-me principalmente dos ombros quadrados, das panturrilhas bojudas e das esporas tilintantes dos artilheiros, cujo uniforme eu preferia ao da infantaria. Quanto ao período final, se me pedirem para dizer com honestidade qual minha lembrança mais importante, devo simplesmente responder: margarina. É um caso ilustrativo do terrível egoísmo das crianças que, em 1917, a guerra quase tivesse deixado de nos afetar, exceto pelo estômago. Na biblioteca da escola um mapa enorme da Frente Ocidental estava pregado num cavalete, com um fio de seda vermelho esticado seguindo um zigue-zague de percevejos. De vez em quando o fio era movido um centímetro para ali ou acolá, cada movimento representando uma pirâmide de cadáveres. Eu não prestava atenção. Estava numa escola de garotos acima do nível médio de inteligência e no entanto não me lembro de um único acontecimento importante da época que se nos apresentasse com seu verdadeiro significado. A Revolução Russa, por exemplo, não causou impressão, a não ser nos poucos cujos pais por acaso tinham dinheiro investido na Rússia. Entre os muito jovens, a reação pacifista se manifestara bem antes do fim da guerra. Ser negligente tanto quanto podíamos ousar ser nos desfiles da O. T. C. e não se interessar pela guerra era considerado um sinal de esclarecimento. Os jovens oficiais que retornaram, endurecidos pela terrível experiência e desgostosos com a atitude da geração mais nova, para quem a experiência nada significava, costumavam nos passar sermão por causa de nossa brandura. Claro que não conseguiam apresentar argumentos que fôssemos capazes de entender. Conseguiam apenas esbravejar que a guerra era "uma coisa boa", tornava-nos "duros", mantinha-nos "em forma", e assim por diante. Nós nos limitávamos a rir contidamente. Nosso pacifismo era caolho, típico de países protegidos por armadas fortes. Durante anos após a guerra, ter algum conhecimento de assuntos militares ou algum interesse neles, até mesmo saber de qual extremidade de uma arma o projétil sai, era suspeito em círculos "esclarecidos". A guerra de 1914-8 foi escrita ao correr da pena como uma chacina sem sentido, e até os homens chacinados de algum modo carregavam culpa. Ri muitas vezes ao pensar nos cartazes de recrutamento: "Papai, o que o senhor fez na Primeira Guerra Mundial?" (um menino faz essa pergunta ao pai envergonhado), e em todos os homens que devem ter sido atraídos pelo Exército só pelo cartaz e depois desdenhados pelos filhos por não terem sido Opositores Conscienciosos.

Mas os mortos, afinal, tiveram sua vingança. À medida que a guerra recuava no passado, minha geração específica, a dos "muito jovens", tornou-se consciente da vastidão da experiência que não teve. Nós nos sentíamos um pouco menos do que um homem por não a termos vivido. Passei os anos de 1922-7 em grande parte entre homens um pouco mais velhos do que eu que haviam participado da guerra. Eles falavam dela sem parar, com horror, é claro, mas também com uma nostalgia cada vez maior. Podemos ver essa nostalgia com bastante nitidez nos livros de guerra ingleses. Além disso, a reação pacifista foi apenas uma fase, e até os "muito jovens" haviam sido treinados para a guerra. A maioria da classe média inglesa é treinada para a guerra desde o berço, não tecnicamente, mas moralmente. O primeiro slogan político de que me lembro é: "Queremos oito (oito couraçados) e não vamos esperar". Aos sete anos, eu era membro da Liga Naval e usava um uniforme de marinheiro com "H. M . S. INVINCIBLE" gravado no gorro. Antes mesmo da escola secundária particular O. T. C., frequentei uma escola particular de cadetes. A partir dos dez anos, de vez em quando segurava um fuzil, preparando-me não só para a guerra, mas para um tipo especial de guerra, uma guerra em que as armas de fogo se erguem num orgasmo frenético de sons, na hora marcada saímos da trincheira, quebrando as unhas nos sacos de areia, damos passos falsos na lama e entramos na linha de fogo das metralhadoras. Estou convencido de que parte do motivo para o fascínio que a Guerra Civil Espanhola exerceu sobre as pessoas mais ou menos da minha idade foi que ela se assemelhava à Primeira Guerra Mundial. Em alguns momentos, Franco era capaz de juntar um número suficiente de aviões para elevar a guerra a um nível moderno, e esses momentos eram decisivos. Mas no mais era uma cópia ruim de 1914-8, uma guerra de posição de trincheiras, artilharia, ataques de surpresa, atiradores de elite, lama, arame farpado, piolhos e marasmo. No início de 1937, a parte dianteira de Aragão em que eu me encontrava devia ser bem parecida com um setor tranquilo na França em 1915. Só faltava a artilharia. Mesmo nas raras ocasiões em que todas as armas de fogo em Huesca e nos arredores disparavam ao mesmo tempo, havia apenas o suficiente delas para fazer um barulho espasmódico e medíocre, como o fim de uma tempestade com raios e trovões. Os projéteis disparados pelos canhões de doze centímetros de Franco caíam com estardalhaço, mas nunca havia mais do que uma dúzia deles por vez. Sei que o que senti quando ouvi pela primeira vez uma artilharia disparar "com raiva", como dizem, foi ao menos em parte decepção. Era muito diferente do estrondo ininterrupto e medonho que meus sentidos aguardaram por vinte anos.

Não lembro exatamente em que ano eu soube pela primeira vez com certeza que a guerra atual se aproximava. Depois de 1936, é claro, a coisa ficou evidente para todos, exceto para um idiota. Por vários anos a guerra vindoura foi um pesadelo para mim, e em algumas ocasiões cheguei a discursar e a escrever panfletos contra ela. Mas na noite anterior ao anúncio do pacto russo-alemão sonhei que a guerra havia começado. Era um desses sonhos que, seja qual for o significado freudiano profundo que possam ter, às vezes nos revelam o estado real dos sentimentos. Ensinou-me duas coisas: primeiro, que eu deveria estar simplesmente aliviado quando a guerra há muito temida começasse; segundo, que no fundo eu era um patriota, não sabotaria nem agiria contra meu próprio lado, apoiaria a guerra, lutaria nela se possível. Desci ao térreo e vi o jornal que anunciava a viagem de Joachim von Ribbentrop a Moscou.* A guerra se aproximava, e o governo, até o governo de Neville Chamberlain, estava seguro de minha lealdade. Desnecessário dizer que essa lealdade foi e continua sendo apenas um gesto. Como ocorreu com quase todos que conheço, o governo se recusou categoricamente a me empregar em qualquer atividade. Mas isso não altera os sentimentos de ninguém. Além do mais, eles seriam obrigados a nos utilizar cedo ou tarde.

Se tivesse de defender meus motivos para apoiar a guerra, creio que seria capaz de fazê-lo. Não existe uma alternativa real entre resistir a Hitler e se render a ele, e, de um ponto de vista socialista, devo dizer que é melhor resistir; em todo caso, não vejo um argumento para a rendição que não torne absurda a resistência republicana na Espanha, a resistência chinesa ao Japão etc. Mas não pretexto que essa seja a base emocional de minhas ações. O que descobri em meu sonho naquela noite foi que o longo treinamento em patriotismo por que passam as classes médias funcionou, e que, assim que a Inglaterra estivesse metida numa séria enrascada, seria impossível para mim qualquer sabotagem. Que não se entenda mal, contudo, o sentido disso. Patriotismo nada tem a ver com conservadorismo. É a devoção a alguma coisa que está em transformação, mas que misticamente ainda sentimos ser a mesma, como a devoção dos bolcheviques ex-reacionários à Rússia. Ser leal à Inglaterra de Chamberlain e à Inglaterra de amanhã poderia parecer uma

* No dia 21 de agosto de 1939, Ribbentrop foi convidado para ir a Moscou, e no dia 23 de agosto assinou com Molotov o pacto russo-alemão.

impossibilidade, se não soubéssemos que é um fenômeno cotidiano. Somente a revolução pode salvar a Inglaterra, isso tem sido evidente há anos, mas agora a revolução começou e poderá continuar com bastante rapidez se conseguirmos rechaçar Hitler. Daqui a dois, talvez um ano, se perseverarmos, veremos mudanças que surpreenderão os idiotas sem visão. Creio que o sangue terá de correr pelas sarjetas de Londres. Muito bem, que seja, se for necessário. Mas, quando as milícias vermelhas estiverem aquarteladas no Ritz, ainda sentirei que a Inglaterra que aprendi a amar há tanto tempo, e por motivos tão diversos, está de algum modo persistindo.

Cresci numa atmosfera tingida de militarismo e depois passei cinco anos enfadonhos ouvindo o som do clarim. Até hoje dá-me uma tênue sensação de sacrilégio não nos levantarmos durante a execução de "God save the King". É pueril, é claro, mas preferiria ter esse tipo de educação a ser como os intelectuais esquerdistas, que de tão "esclarecidos" não conseguem entender as emoções mais comuns. São exatamente as pessoas cujo coração *jamais* palpitou ante a visão de um pavilhão do Reino Unido que se esquivarão da revolução quando o momento chegar. Comparemos o poema que John Cornford escreveu não muito antes de ser morto ("Before the storming of Huesca" [Antes do assalto a Huesca]) com "There's a breathless hush in the close tonight" [Há um silêncio calmo no átrio esta noite], de sir Henry Newbolt. Deixemos de lado as diferenças técnicas, que são só uma questão de época, e veremos que o conteúdo emocional dos dois poemas é quase o mesmo. O jovem comunista que morreu heroicamente na Brigada Internacional foi da escola particular até a alma. Mudara seu compromisso de lealdade, mas não suas emoções. O que isso prova? Apenas a possibilidade de gerar um socialista nos ossos de um Blimp [coronel conservador, personagem de cartum], o poder de um tipo de lealdade vir a se transmutar em outro, a necessidade espiritual do patriotismo e as virtudes militares, para os quais ainda não se encontrou substituto, por mais que os de cabeça feita da esquerda não gostem deles.

Folios of New Writing, 1940.

PARTE 3

A política da literatura

1. Escritores e Leviatã

A situação de um escritor numa época de controle estatal é um tema já amplamente debatido, embora a maior parte dos testemunhos que poderiam ser pertinentes ainda não esteja disponível. Não quero aqui expressar uma opinião favorável ou contrária ao patrocínio estatal das artes, mas apenas salientar que o *tipo* de Estado que nos governa deve depender em parte da atmosfera intelectual dominante: quer dizer, nesse contexto, deve depender em parte da atitude dos próprios escritores e artistas, e de sua disposição ou não de manter vivo o espírito do liberalismo. Se daqui a dez anos nos virmos fazendo reverências servis a alguém como Andrey Zhdanov, será provavelmente porque o merecemos. Está claro que já existem fortes tendências para o totalitarismo em atividade no seio da *intelligentsia* literária inglesa. Acontece que não estou aqui interessado em nenhum movimento organizado ou consciente como o comunismo, mas apenas no efeito, nas pessoas de boa vontade, do pensamento político e da necessidade de tomar partido politicamente.

Esta é uma época política. A guerra, o fascismo, os campos

de concentração, os cassetetes de borracha, as bombas atômicas etc. são no que pensamos todos os dias, e portanto são, em grande parte, sobre o que escrevemos, mesmo quando não os mencionamos abertamente. Não podemos evitar. Quando estamos num navio prestes a naufragar, nossos pensamentos se concentram em navios prestes a naufragar. Mas não são só os nossos temas que se reduzem; toda a nossa atitude em relação à literatura é matizada por lealdades que, ao menos de forma intermitente, constatamos não serem literárias. Muitas vezes tenho a sensação de que até nos melhores tempos a crítica literária é um embuste, uma vez que na ausência de qualquer critério aceito — qualquer referência *externa* que dê sentido à afirmação de que tal e tal livro é "bom" ou "ruim" — todo julgamento literário consiste em fabricar um conjunto de normas para justificar uma preferência instintiva. Nossa verdadeira reação a um livro, se é que temos alguma, é em geral "gosto deste livro" ou "não gosto deste livro", e o que vem depois é uma racionalização. Mas penso que "gosto deste livro" não é uma reação não literária; a reação não literária é "este livro está do meu lado, por isso tenho de descobrir seus méritos". É claro que ao elogiarmos um livro por motivos políticos podemos ser emocionalmente sinceros, no sentido de que o aprovamos com veemência, mas também muitas vezes ocorre que a solidariedade partidária requer uma mentira óbvia. Quem está acostumado a resenhar livros para periódicos políticos sabe muito bem disso. Em geral, quando escrevemos para uma publicação com a qual concordamos, pecamos por comissão, mas quando escrevemos para uma publicação de caráter contrário, pecamos por omissão. De qualquer maneira, inúmeros livros controvertidos — livros de defesa ou oposição à Rússia Soviética, de defesa ou oposição ao sionismo, de defesa ou oposição à Igreja católica, e assim por diante — são julgados antes de ser lidos, e na verdade antes mesmo de ser escritos. Sabemos de antemão que acolhimento terão em cada publicação. No entanto, com a desonestidade que às vezes não é nem de todo consciente, mantém-se o pretexto de que são utilizados critérios puramente literários.

É claro que a invasão da literatura pela política estava fadada a acontecer. Teria de acontecer, mesmo que o problema específico do totalitarismo jamais tivesse surgido, porque fomentamos uma espécie de compunção que nossos antepassados não tiveram, uma consciência da enorme injustiça e do sofrimento do mundo, e um sentimento de culpa, de que deveríamos estar fazendo alguma coisa a respeito, o que impossibilita uma atitude puramente estética em relação à vida. Ninguém, hoje, poderia se dedicar à literatura de forma tão resoluta como James Joyce ou Henry James. Mas, infelizmente, aceitar responsabilidade política hoje significa transigir com ortodoxias e "linhas partidárias", com toda a timidez e a desonestidade que isso implica. Em comparação com os escritores vitorianos, temos a desvantagem de viver entre ideologias políticas bem delineadas e de em geral saber num relance quais pensamentos são heréticos. Um intelectual literário moderno vive e escreve sob medo constante — não da opinião pública no sentido mais amplo, mas da opinião pública dentro de seu próprio grupo. Em geral, por sorte existe mais de um grupo, porém a qualquer momento também pode existir uma ortodoxia dominante, um atentado contra o qual se requer pele grossa e que às vezes significa cortar pela metade a receita durante anos a fio. Evidentemente, mais ou menos nos últimos quinze anos, a ortodoxia dominante, sobretudo entre os jovens, foi "de esquerda". As palavras-chave são "progressista", "democrático" e "revolucionário", enquanto os rótulos que devemos evitar a todo custo que nos preguem são "burguês", "reacionário" e "fascista". Quase todo mundo hoje em dia, inclusive a maioria dos católicos e conservadores, é "progressista" ou ao menos assim deseja ser visto. Ninguém, que eu saiba, jamais se qualifica como "burguês", da mesma forma que ninguém com razoável instrução que tenha ouvido a expressão jamais admite ser culpado de antissemitismo. Nós todos somos bons democratas, antifascistas, anti-imperialistas, desdenhosos das distinções de classes, impermeáveis ao preconceito de cor, e assim por diante. Tampouco existem muitas dúvidas de que a ortodoxia "esquerdista" de nossos dias é melhor do que a ortodoxia conservadora, certamente fanática e presunçosa, que prevaleceu há vinte anos, quando a *Criterion* e (num nível inferior) a *London Mercury* eram as revistas literárias dominantes. Porque ao menos seu objetivo implícito é uma forma viável de sociedade, pretendida por um grande número de pessoas. Mas isso também tem suas próprias insinceridades, que, por não poderem ser admitidas, impossibilitam o debate sério de determinadas questões.

Toda a ideologia esquerdista, científica e utópica foi desenvolvida por pessoas que não tinham a expectativa imediata de alcançar o poder. Era, portanto, uma ideologia extremista, que desdenhava totalmente reis, governos, leis, prisões, forças policiais, exércitos, bandeiras, fronteiras, patriotismo, religião, moral convencional e, de fato, toda a ordem existente. Na memória de pessoas ainda vivas, as forças da esquerda em todos os países lutavam contra uma tirania que aparentava ser invencível, e era fácil supor que, se ao menos *esta* tirania específica — o capitalismo — pudesse ser derrubada, o socialismo seria a consequência. Além do mais, a esquerda havia herdado do liberalismo algumas crenças nitidamente contestáveis, como a de que a verdade prevalece e a perseguição derrota a si mesma, ou a de que o homem é bom por natureza, só sendo corrompido pelo meio. Essa ideologioa perfeccionista subsistiu em quase todos nós e é em nome dela que protestamos quando (por exemplo) um governo trabalhista aprova por votos vastas receitas para as filhas do rei ou mostra hesitação quanto à nacionalização do aço. Mas também acumulamos na cabeça uma série de contradições inconfessas como resultado de sucessivos choques contra a realidade.

O primeiro grande choque foi a Revolução Russa. Por razões algo complexas, quase toda a esquerda inglesa foi levada a aceitar o regime russo como "socialista", enquanto em silêncio reconhecia que o espírito e a prática eram completamente estranhos a tudo o que se entende por "socialismo" na Grã-Bretanha. Daí surgiu um modo esquizofrênico de pensar, em que palavras como "democracia" comportam dois sentidos irreconciliáveis, e coisas como campos de concentração e deportações em massa podem ser ao mesmo tempo certas e erradas. O golpe seguinte contra a ideologia esquerdista foi a ascensão do fascismo, que estremeceu o pacifismo e o internacionalismo da esquerda sem ocasionar uma nova apresentação definida da doutrina. A experiência da ocupação alemã ensinou aos povos europeus algo que os povos coloniais já sabiam, ou seja, que os antagonismos de classes não são de grande importância e que existe o interesse nacional. Depois de Hitler, foi difícil sustentar com seriedade que "o inimigo está em seu próprio país" e que a independência nacional não tem valor. Mas, embora todos saibamos disso e tomemos providências a esse respeito quando necessário, ainda sentimos que dizê-lo em voz alta seria uma espécie de traição. E, finalmente, a maior dificuldade de todas: o fato de a esquerda estar agora no poder e ser obrigada a assumir a responsabilidade e tomar decisões legítimas.

Os governos de esquerda quase invariavelmente decepcionam seus partidários porque, mesmo quando a prosperidade prometida é exequível, existe sempre a necessidade de um período de transição incômodo acerca do qual pouco se falou de antemão. Neste momento vemos nosso governo, nos tremendos apertos econômicos, lutar na verdade contra sua própria propaganda passada. A crise em que nos encontramos agora não é uma calamidade repentina e inesperada, como um terremoto, e não foi causada pela guerra, mas apenas acelerada por ela. Há décadas era possível prever que algo desse tipo aconteceria. Desde o século XIX nossa renda nacional, dependente em parte da participação dos investimentos estrangeiros, de mercados confiantes e matérias-primas baratas dos países coloniais, tem sido extremamente precária. Era evidente que, cedo ou tarde, algo daria errado e seríamos forçados a fazer com que as exportações equilibrassem as importações, e quando isso aconteceu o padrão de vida britânico, inclusive o padrão da classe trabalhadora, estava fadado a cair, ao menos por algum tempo. Contudo, os partidos de esquerda, mesmo quando clamorosamente anti-imperialistas, nunca esclareceram esses fatos. De vez em quando se dispuseram a admitir que os trabalhadores britânicos haviam se beneficiado, até certo ponto, do espólio da Ásia e da África, mas sempre deixaram evidente que poderíamos abrir mão do espólio e ainda assim, de algum modo, dar um jeito de continuar prósperos. Inúmeros trabalhadores, de fato, converteram-se ao socialismo ao ouvir que eram explorados, enquanto a verdade crua era que, em termos mundiais, eles eram os exploradores. Hoje, ao que tudo indica, chegou-se a um ponto em que *não é* possível manter o padrão de vida da classe trabalhadora, muito menos elevá-lo. Mesmo que exerçamos pressão sobre os ricos, as massas devem consumir menos ou produzir mais. Ou será que exagero o apuro em que estamos? Pode ser, e ficaria satisfeito de constatar que estou enganado. Mas o que quero dizer é que é impossível debater a sério essa questão com pessoas leais à ideologia da esquerda. Sente-se que a redução salarial e o aumento de horas de trabalho são medidas inerentemente antissocialistas e que portanto devem ser postas de lado de antemão, não importa qual seja a situação econômica. Sugerir que podem ser inevitáveis é apenas arriscar receber aqueles rótulos que nos horrorizam. É muito mais seguro evitar a questão e fazer de conta que podemos consertar tudo com a redistribuição da renda existente.

Aceitar uma ortodoxia é sempre herdar contradições não resolvidas. Vejamos por exemplo o fato de que todas as pessoas sensíveis se revoltam com o industrialismo e seus produtos, apesar de estarem conscientes de que a erradicação da pobreza e a emancipação da classe trabalhadora exigem cada vez mais industrialização, e não menos. Ou vejamos o fato de que alguns trabalhos são absolutamente necessários, embora jamais sejam feitos, a não ser sob algum tipo de coerção. Ou ainda o fato de que é impossível ter uma real política externa sem ter forças armadas poderosas. Seria possível multiplicar os exemplos. Para cada caso há uma conclusão que é perfeitamente clara, mas à qual só se pode chegar se, no âmbito privado, formos desleais com a ideologia oficial. A reação natural é empurrar a pergunta sem resposta para um canto da cabeça e continuar a repetir os lemas contraditórios. Não precisamos procurar nas resenhas nem nas revistas para descobrir os efeitos desse tipo de pensamento.

É claro que não estou sugerindo que a desonestidade mental seja peculiar aos socialistas e esquerdistas ou que seja mais comum entre eles. É só que a aceitação de *qualquer* disciplina política parece ser incompatível com a integridade literária. Isso vale igualmente para movimentos como o pacifismo e o personalismo, que afirmam estar do lado de fora da luta política comum. Na verdade, o mero som de palavras que terminam em "ismo" parece trazer em si o cheiro de propaganda. Lealdades de grupos são necessárias, e no entanto são um veneno para a literatura, uma vez que literatura é o produto de individualidades. Assim que se permita a elas exercer qualquer influência, mesmo que negativa, sobre a escrita criativa, o resultado é não apenas falsificação, mas muitas vezes o esgotamento efetivo das faculdades inventivas.

Bom, e agora? Temos então de concluir que é dever de todo escritor "não se meter com política"? É claro que não! Como eu já disse, nenhuma pessoa racional pode não se meter, ou realmente não se mete, com política numa época como a de hoje. Apenas sugiro que deveríamos estabelecer uma distinção mais nítida do que fazemos hoje com nossas lealdades políticas e literárias, reconhecendo que a disposição para *fazer* algumas coisas desagradáveis, mas necessárias, não acarreta nenhuma obrigação de reprimir as crenças que em geral as acompanham. Quando se envolve em política, um escritor deveria fazê-lo como cidadão, como ser humano, e não *como escritor*. Não penso que ele tenha o direito, apenas por causa de suas sensibilidades, de se esquivar do trabalho sujo e corriqueiro da política. Assim como qualquer um, deveria estar preparado para fazer palestras em auditórios em que haja correntes de ar, rabiscar calçadas com giz, angariar votos, distribuir panfletos e até lutar em guerras civis se necessário. Mas, seja lá o que mais venha a fazer a serviço do partido, não deveria nunca escrever para ele. Deveria deixar claro que a escrita é uma coisa à parte. E deveria ser capaz de agir de forma cooperativa ao mesmo tempo que, se for esta a sua escolha, repudia totalmente a ideologia oficial. Jamais deveria voltar atrás em sua linha de raciocínio só porque ela poderia significar uma heresia, e tampouco deveria se preocupar muito se percebessem essa não ortodoxia, como é provável que percebessem. Talvez fosse até mau sinal para um escritor não suspeitarem de suas tendências reacionárias hoje, assim como já foi um mau sinal suspeitarem de suas simpatias comunistas há vinte anos.

Mas será que tudo isso significa que um escritor deveria não só se recusar a ser comandado por líderes políticos como também se abster de escrever *sobre* política? De novo, é claro que não! Não há motivo para ele não escrever da forma política mais crua se desejar. Porém deveria fazê-lo como indivíduo, como alguém de fora, no máximo como um guerrilheiro importuno no flanco de um exército ativo. É uma atitude bastante compatível com a utilidade política comum. É razoável, por exemplo, estarmos dispostos a combater numa guerra por pensar que ela deve ser vencida, mas ao mesmo tempo nos recusarmos a escrever propaganda de guerra. Às vezes, se um escritor for honesto, seus escritos e suas atividades políticas podem se contradizer. Existem ocasiões em que isso é nitidamente indesejável; nesse caso, então, o remédio não é falsificar nossos impulsos, mas permanecer em silêncio.

Sugerir que um escritor criativo, em tempos de conflito, deva dividir sua vida em dois compartimentos parece derrotista ou frívolo: no entanto, na prática, não vejo que outra coisa ele possa fazer. Trancar-se numa torre de marfim é impossível e desaconselhável. Entregar-se subjetivamente, não apenas a uma máquina partidária, mas até a uma ideologia de grupo, é se destruir como escritor. Entendemos que esse é um dilema doloroso, porque percebemos a necessidade de envolvimento na política ao mesmo tempo que também percebemos o quanto ela é uma atividade degradante e sórdida. E a maioria de nós ainda tem uma crença persistente em que toda escolha, mesmo política, é entre o bem e o mal, e em que se uma coisa é necessária é também certa. Penso que devemos nos livrar dessa crença, que pertence ao universo infantil. Em política, nada mais podemos fazer do que concluir qual dos dois males é o menor, e existem situações das quais só podemos escapar agindo como um diabo ou um louco. A guerra, por exemplo, pode ser necessária, mas com certeza não é certa nem sã. Mesmo uma eleição geral não é exatamente um espetáculo agradável ou edificante. Se tivermos de participar dessas coisas — e acho que temos, a menos que estejamos blindados pela velhice, a estupidez ou a hipocrisia —, teremos também de manter íntegra uma parte de nós. Para a maioria das pessoas o problema não se coloca da mesma forma, porque sua vida já está dividida. Sentem-se realmente vivas apenas nas horas de lazer, e não há ligação emocional entre o trabalho e as atividades políticas. Tampouco lhes é pedido, em nome da lealdade política, que se rebaixem como trabalhadoras. Ao artista, em especial ao escritor, pedem justamente isso — de fato, é a única coisa que os políticos lhe pedem. Se recusar, não significa que estará condenado à inatividade. Uma metade dele, que em certo sentido é o todo, pode agir com a mesma resolução, até com a mesma violência se necessário, como qualquer um. Mas seus escritos, na medida em que têm algum mérito, serão sempre o produto da pessoa mais sã que não participa, apenas registra as coisas que são feitas e reconhece sua necessidade, mas se recusa a ser iludida quanto a sua verdadeira natureza.

Written, 1948; *Politics and Letters*, 1948.

2. Wells, Hitler e o Estado mundial

Em março ou abril, dizem os sabe-tudo, haverá um estupendo golpe decisivo na Grã-Bretanha [...] Não consigo imaginar o que Hitler tem a ver com isso. Seus recursos militares dispersos e em redução agora provavelmente não são muito maiores do que os dos italianos antes de terem sido postos à prova na Grécia e na África.

O poderio aéreo alemão em grande parte se extinguiu. Já pertence ao passado, e os homens de primeira ordem estão praticamente mortos, desalentados ou exaustos.

Em 1914, o exército de Hohenzollern era o melhor do mundo. Por trás daquela pequena deficiência gritante em Berlim, nada há do tipo [...] No entanto, nossos especialistas militares discutem o fantasma que se põe à espera. Imaginam que é perfeito quanto a equipamentos e invencível quanto à disciplina. Algumas vezes irá desferir um "golpe" decisivo através da Espanha e do Norte da África e avançar, ou irá marchar sobre os Bálcãs, irá marchar do Danúbio até Ancara, até a Pérsia, a Índia, ou "esmagar a Rússia", ou "transbordar" pelo Brenner Itália adentro. As semanas passam,

> e o fantasma não faz nada disso — por um excelente motivo. Não existe nessa proporção. A maior parte dessas armas de fogo e munições inadequadas que possuía deve ter sido tomada e desperdiçada nos tolos ataques simulados de Hitler para invadir a Grã-Bretanha. E sua tosca disciplina atamancada definha ante a progressiva percepção de que a *Blitzkreig* passou e a guerra está pagando as consequências.

Essas citações não foram extraídas da *Cavalry Quarterly*, mas de uma série de artigos para jornal de H. G. Wells, escritos no início deste ano e agora republicados num livro intitulado *Guide to the new world*. Desde que foram escritos, o Exército alemão invadiu os Bálcãs e reconquistou Cirenaica, pode marchar sobre a Turquia ou a Espanha quando bem desejar e levou a cabo a invasão da Rússia. Não sei qual será o resultado dessa campanha, mas vale notar que o estado-maior alemão, cuja opinião provavelmente tem algum peso, não a teria iniciado se não tivesse a certeza de que a concluiria em três meses. Isso basta no que se refere à ideia de que o Exército alemão é um espectro, com equipamento inadequado, moral enfraquecido etc.

O que Wells realçou com "pequena deficiência gritante em Berlim"? O habitual palavreado sobre um Estado mundial, mais a Declaração de Sankey, que é uma definição esforçada dos direitos humanos fundamentais, de tendência antitotalitária. Exceto por ele agora se preocupar principalmente com o controle mundial federal do poderio aéreo, trata-se do mesmo evangelho que vem pregando quase sem interrupção nos últimos quarenta anos, sempre com um ar de surpresa irada com os seres humanos que não conseguem compreender algo tão óbvio.

De que adianta dizer que precisamos de um controle mundial federal do ar? Toda a questão é como obtê-lo. De que adianta salientar que um Estado mundial é desejável? O que importa é que nenhuma das cinco potências militares pensaria em se submeter a tal coisa. Durante décadas todos os homens sensatos vêm concordando consideravelmente com o que Wells diz; mas os homens sensatos não têm poder e, em muitos casos, nenhuma disposição para sacrificar a si mesmos. Hitler é um louco criminoso e tem um exército de milhões de homens, milhares de aviões, dezenas de milhares de tanques. Por causa dele, uma grande nação se dispôs a se extenuar por seis anos e depois lutar por mais dois, ao passo que, segundo a visão de mundo criteriosa e essencialmente hedonista que Wells apresenta, é muito difícil uma criatura humana se dispor a derramar uma gota de sangue. Antes de falar em reconstrução do mundo, ou mesmo em paz, temos de eliminar Hitler, o que significa introduzir uma dinâmica não necessariamente igual à dos nazistas, mas talvez da mesma forma inaceitável para as pessoas "esclarecidas" e hedonistas. O que manteve a Inglaterra de pé durante o ano que passou? Em parte, sem dúvida, a mesma ideia vaga sobre um futuro melhor, mas sobretudo a emoção atávica do patriotismo, o sentimento arraigado dos povos de fala inglesa de que são superiores aos estrangeiros. Nos últimos vinte anos, o principal objetivo dos intelectuais esquerdistas ingleses tem sido destruir esse sentimento, e se tivessem tido êxito poderíamos estar observando os homens da s.s. patrulharem as ruas de Londres neste momento. Do mesmo modo, por que os russos estão lutando como tigres contra a invasão alemã? Em parte, talvez, por algum ideal de socialismo utópico de que mal se lembram, mas sobretudo em defesa da Santa Rússia (o "solo sagrado da pátria" e coisas do gênero), que Stalin ressuscitou numa forma apenas ligeiramente modificada. A energia que de fato molda o mundo emana das emoções — orgulho racial, culto a líderes, crença religiosa, amor à guerra — que os intelectuais liberais descartam como anacronismos e que, em geral, destruíram por completo em si mesmos a ponto de terem perdido todo o poder de ação.

As pessoas que dizem que Hitler é o anticristo ou então o Espírito Santo estão mais próximas de entender a verdade do que os intelectuais que por dez anos pavorosos sustentaram que ele não passa de um personagem saído de uma ópera bufa que não merece ser levado a sério. Tudo o que essa ideia reflete são as condições de uma vida inglesa protegida. O Left Book Club [1936-48] foi no fundo um produto da Scotland Yard, assim como o Peace Pledge Union é um produto da Marinha de guerra. Uma consequência dos últimos dez anos foi o aparecimento do "livro político", espécie de panfleto ampliado que combina história com crítica política, como uma importante forma literária. Dos melhores escritores dessa linha — Leon Trotski, Rauschning, Rosenberg, Ignazio Silone, Franz Borkenau, Arthur Koestler e outros —, nenhum era inglês, quase todos eram renegados de um ou outro partido extremista, tiveram contato com o totalitarismo e sabiam o que significavam o exílio e a perseguição. Apenas nos países de língua inglesa era moda acreditar, até a eclosão da guerra, que Hitler era um louco despretensioso e que os tanques alemães eram feitos de papelão. Wells, como se percebe nas citações que incluí acima, ainda acredita em algo parecido. Não acho que as bombas ou a campanha alemã na Grécia tenham modificado suas opiniões. Um modo de pensar de toda uma vida se interpõe entre ele e um entendimento do poder de Hitler.

Wells, assim como Charles Dickens, pertence à classe média não militar. O estrondo de canhões, o retinir de esporas, o nó na garganta quando a velha bandeira é alçada deixam-no visivelmente apático. Ele tem um ódio insuperável à luta, à caça e ao ferrabrás da vida, simbolizado em todos os seus primeiros livros por uma veemente propaganda contra cavalos. O vilão principal de seu *Outline of history* [*Esboço da história*] é o aventureiro militar Napoleão. Ao examinarmos praticamente qualquer um dos livros que escreveu nos últimos quarenta anos, observamos uma ideia recorrente: a suposta antítese entre o homem da ciência que trabalha por um Estado mundial planejado e o reacionário que tenta restaurar um passado confuso. Em romances, utopias, ensaios, filmes, panfletos, a antítese aflora, sempre mais ou menos a mesma. De um lado, ciência, ordem, progresso, internacionalismo, aviões, aço, concreto, higiene; de outro, guerra, nacionalismo, religião, monarquia, camponeses, professores de grego, poetas, cavalos. A história, como ele a enxerga, é uma série de vitórias conquistadas pelo homem de ciência contra o homem romântico. Agora, ele provavelmente tem razão ao supor que uma forma "razoável" e planejada de sociedade, com cientistas em lugar de curandeiros no comando, triunfará cedo ou tarde, mas isso é diferente de supor que está na iminência de acontecer. Subsiste em algum lugar uma interessante controvérsia que se deu entre Wells e Winston Churchill na época da Revolução Russa. Wells acusa Churchill de não acreditar realmente em sua própria propaganda sobre os bolcheviques serem monstros que vertem sangue e coisas do gênero, mas apenas temer que eles introduzam uma era de bom senso e controle científico, na qual patriotas fanáticos como o próprio Churchill não terão lugar. A avaliação que Churchill fez dos bolcheviques, no entanto, estava mais próxima do alvo do que a de Wells. Os primeiros bolcheviques podem ter sido anjos ou demônios, dependendo de como escolhamos considerá-los, mas de qualquer maneira não eram homens sensatos. Não estavam introduzindo uma utopia wellsiana, e sim uma regra dos santos, que, como a regra dos santos inglesa, era um despotismo militar animado por julgamentos de bruxaria. O mesmo equívoco reaparece de forma inversa na atitude de Wells para com os nazistas. Hitler é todos os déspotas e bruxos da história enfeixados em um. Portanto, argumenta Wells, ele é um absurdo, um espectro do passado, uma criatura condenada a desaparecer quase de imediato. Entretanto, lamentavelmente, a equação ciência mais bom senso não se sustenta. O avião, que se esperava ser uma influência civilizadora, mas que na prática mal foi utilizado a não ser para jogar bombas, é o símbolo desse fato. A Alemanha moderna é bem mais científica do que a Inglaterra, e bem mais brutal. Grande parte do que Wells imaginou e para o que trabalhou se acha fisicamente presente na Alemanha nazista. A ordem, o planejamento, o incentivo da ciência pelo Estado, o aço, o concreto, os aviões, está tudo lá, porém a serviço de ideias adequadas à Idade da Pedra. A ciência luta do lado da superstição. Mas é evidente que é impossível para Wells admitir isso. Seria contradizer a visão de mundo na qual suas próprias obras se baseiam. Os déspotas e os bruxos *devem* fracassar, o sensato Estado mundial, como visto por um liberal do século XIX cujo coração não palpita ao soar dos clarins, *devem* triunfar. Traição e derrotismo à parte, Hitler *não pode* ser um perigo. Que ele enfim vencesse seria uma inversão impossível da história, como uma restauração jacobita.

Mas não é um tipo de parricídio alguém da minha idade (trinta e oito anos) ver defeito em H. G. Wells? Os indivíduos pensantes nascidos por volta do início deste século são, num certo sentido, criação do próprio Wells. É questionável quanta influência tem um simples escritor, principalmente um escritor "popular" cuja obra repercute depressa, mas duvido que alguém que escreveu livros entre 1900 e 1920, ao menos em língua inglesa, tenha influenciado tanto os jovens como ele. A cabeça de todos nós, e portanto o mundo material, seria perceptivelmente diferente se Wells não tivesse existido. Ocorre que a uniformidade de pensamento, a imaginação unilateral que o assemelhou a um inspirado profeta na era eduardiana, transformou-o hoje num pensador superficial e inadequado. Quando Wells era jovem, a antítese entre ciência e reação não era falsa. A sociedade era dominada por gente tacanha, profundamente indiferente, homens de negócios predatórios, proprietários rurais insensíveis, bispos, políticos capazes de citar Horácio mas que jamais ouviram falar de álgebra. A ciência era um tanto desacreditada, e a crença religiosa, obrigatória. Tradicionalismo, imbecilidade, esnobismo, patriotismo, superstição e amor à guerra pareciam estar todos do mesmo lado; havia necessidade de alguém que pudesse expressar o ponto de vista oposto. No começo do século era uma experiência maravilhosa para um rapaz descobrir H. G. Wells. Lá estávamos nós, num mundo de pedantes, clérigos e jogadores de golfe, com nossos futuros empregadores exortando-nos a "entrar ou a sair", nossos pais sistematicamente deformando nossa vida sexual, e professores parvos lançando risinhos de escárnio em meio a conhecidas citações em latim; e lá estava aquele homem extraordinário que podia nos falar de habitantes dos planetas e do fundo do mar, que *sabia* que o futuro não seria o que as pessoas respeitáveis imaginavam. Mais ou menos uma década antes de os aviões serem tecnicamente viáveis, Wells sabia que em pouco tempo os homens poderiam voar. Sabia porque ele mesmo *desejava* voar e, portanto, estava seguro de que a pesquisa nesse sentido continuaria. De outro lado, mesmo quando eu era garoto, numa época em que os irmãos Wright de fato levantaram sua máquina do chão por cinquenta e nove segundos, a opinião em geral aceita era que, se Deus quisesse que voássemos, teria nos dado asas. Até 1914, Wells foi acima de tudo um verdadeiro profeta. Nos detalhes materiais, sua visão do novo mundo se consumou num grau surpreendente.

Mas por pertencer ao século XIX e a uma nação e classe não militares, ele não pôde compreender a força extraordinária do velho mundo, que em sua cabeça era simbolizado por tóris adeptos da caça à raposa com cães. Ele foi, e ainda é, totalmente incapaz de entender que o nacionalismo, a intolerância religiosa e a lealdade feudal são forças bem mais poderosas do que aquilo que ele próprio qualificaria como sanidade. Criaturas saídas da Idade Média vieram marchando para o presente, e, se forem espectros, ao menos são espectros que requerem uma forte magia para esconjurá-los. As pessoas que demonstraram melhor entendimento do fascismo são as que sofreram com ele ou as que têm um traço de temperamento fascista. Um livro grosseiro como *The iron heel* [*O tacão de ferro*, de Jack London], escrito há quase trinta anos, é uma profecia mais verdadeira do futuro do que *Admirável mundo novo* ou *The shape of things to come* [*O que nos espera*]. Se tivéssemos de escolher entre os contemporâneos de Wells um escritor que atuasse como um antídoto seu, poderíamos escolher Rudyard Kipling, que não era insensível às vozes malignas do poder e da "glória" militar. Kipling teria entendido a atração de Hitler, ou, quanto a isso, a de Stalin, qualquer que fosse seu ponto de vista sobre eles. Wells é demasiado sensato para entender o mundo moderno. A série de romances de classe média baixa, que são sua maior realização, estacou na guerra anterior e na verdade jamais recomeçou, e desde 1920 ele desperdiçou seus talentos matando dragões de papel. Mas quanto custa, afinal, ter algum talento para matar?

Horizon, 1941.

3. Lear, Tolstoi e o Bobo

Os panfletos de Tolstoi são a parte menos conhecida de sua obra, e sua crítica a Shakespeare* não é sequer um documento fácil de conseguir, ao menos em tradução para o inglês. Talvez, portanto, seja útil eu fazer um resumo do panfleto antes de tentar discuti-lo.

Tolstoi começa dizendo que durante a vida toda Shakespeare lhe despertou "uma repulsa e um tédio irresistíveis". Ciente de que a opinião do mundo civilizado estava contra ele, tentou várias vezes se aproximar das obras de Shakespeare, lendo-as e relendo-as em russo, inglês e alemão; mas "invariavelmente fui submetido às mesmas sensações: repulsa, enfado e perplexidade". Então, aos setenta e cinco anos, releu outra vez todas as obras de Shakespeare, inclusive as peças históricas, e

* *Shakespeare and the drama* [*Shakespeare e a arte dramática*]. Escrito por volta de 1903 como introdução a outro panfleto, *Shakespeare and the working classes* [*Shakespeare e a classe trabalhadora*], de Ernest Crosby. (N. A.)

> tive as mesmas sensações com uma força ainda maior — desta vez, porém, não de perplexidade, mas de convicção firme e indubitável de que a glória inquestionável de grande gênio que Shakespeare desfruta, e que impele escritores de nossa época a imitarem-no, e leitores e espectadores a descobrirem nele méritos inexistentes, desvirtuando desse modo seu entendimento ético e estético, é um grande mal e uma inverdade total.

Shakespeare, acrescenta Tolstoi, não só não é gênio como também não chega a ser "um autor medíocre", e para demonstrar esse fato examina a peça *Rei Lear*, que, como consegue mostrar com citações de Hazlitt, Brandes e outros, foi louvada com exagero e pode ser tomada como exemplo do melhor de Shakespeare.

Em seguida Tolstoi faz uma espécie de exposição do enredo de *Rei Lear*, julgando a cada passo que a peça é boba, loquaz, artificial, ininteligível, bombástica, vulgar, tediosa e repleta de acontecimentos inverossímeis, "devaneios absurdos", "piadas sem graça", anacronismos, irrelevâncias, obscenidades, convenções teatrais batidas e outros defeitos morais e estéticos. *Lear* é, em todo caso, plágio de uma peça anterior e muito melhor, *King Leir*, de autor desconhecido, que Shakespeare roubou e depois arruinou. Vale a pena citar um parágrafo exemplar como ilustração da forma como Tolstoi raciocina. A cena 2 do ato III (em que Lear, Kent e o Bobo estão juntos na tempestade) é resumida assim:

> Lear anda pela charneca e diz as palavras com que pretende expressar desespero: deseja que os ventos soprem com tal força que lhes rachem as faces e que as chuvas inundem tudo, que os raios lhe chamusquem a cabeça branca e os trovões achatem o mundo e destruam todos os germes que "criam homens ingratos"! O Bobo profere palavras ainda mais disparatadas. Kent entra: Lear diz que

por algum motivo durante a tempestade todos os criminosos deveriam ser encontrados e condenados. Kent, ainda não reconhecido por Lear, esforça-se para persuadi-lo a se refugiar num casebre. Neste momento o Bobo faz uma profecia nem um pouco relacionada à situação, e todos saem.

O veredicto final de Tolstoi sobre *Lear* é que nenhum espectador não hipnotizado, se é que existe um espectador assim, poderia lê-la até o fim com outra sensação que não a de "aversão e enfado". E exatamente o mesmo é verdadeiro quanto a "todas as outras peças elogiadas de Shakespeare, sem falar nas narrativas absurdas dramatizadas, *Péricles*, *Noite de Reis*, *A tempestade*, *Cimbelino*, *Troilos e Créssida*".

Depois de tratar de *Lear*, Tolstoi rascunha uma acusação mais geral contra Shakespeare. Acha que o bardo tem uma habilidade técnica específica em parte atribuível ao fato de ter sido ator, mas sem méritos sob outros aspectos. Não tem capacidade para delinear um personagem ou fazer palavras e ações brotarem com naturalidade de situações; a linguagem é uniformemente exagerada e ridícula; ele com frequência coloca os próprios pensamentos aleatórios na boca de qualquer personagem conveniente; mostra uma "ausência total de sentimento estético"; e as palavras "nada têm em comum com arte e poesia". "Shakespeare pode ter sido o que quer que se queira", conclui Tolstoi, "contudo não foi um artista." De mais a mais, não tem opiniões originais nem interessantes, e apresenta uma tendência para "o mais baixo e o mais imoral". Por incrível que pareça, Tolstoi não baseia este último julgamento em ditos de Shakespeare, mas em declarações de dois críticos, Gottfried Gervinus e Brandes. De acordo com Gervinus (ou, de qualquer maneira, com a leitura que Tolstoi fez de Gervinus), "Shakespeare ensinou [...] que se *pode ser muito bom*", enquanto de acordo com Brandes "o princípio fundamental de

Shakespeare [...] é que *o fim justifica os meios*". Tolstoi acrescenta a avaliação pessoal de que Shakespeare era um patriota jingoísta do pior tipo, mas à parte isso avalia que Gervinus e Brandes apresentaram uma descrição verdadeira e adequada da visão que Shakespeare tinha da vida.

Tolstoi em seguida recapitula em poucos parágrafos a teoria da arte que abordara com mais minúcias em outro texto. Para colocá-la de forma ainda mais breve, ela equivale à necessidade de dignidade do assunto, sinceridade e destreza. Uma grande obra de arte deve tratar de temas que sejam "importantes para a vida da humanidade", deve expressar algo que o autor realmente sinta e utilizar métodos técnicos que produzam o efeito pretendido. Como Shakespeare tem um ponto de vista decadente, é desleixado na execução e incapaz de ser sincero por um momento sequer, evidentemente é condenado.

Mas aqui se coloca uma pergunta difícil. Se Shakespeare foi tudo o que Tolstoi mostrou que era, como pôde se tornar universalmente admirado? Claro que a resposta só pode residir numa espécie de hipnose em massa ou numa "sugestão epidêmica". O mundo civilizado inteiro foi levado a pensar que Shakespeare é um bom escritor, e mesmo a mais direta demonstração em contrário não conta, porque não lidamos com uma opinião baseada no raciocínio, mas com algo semelhante à fé religiosa. Durante toda a história, diz Tolstoi, houve uma série interminável de "sugestões epidêmicas" parecidas — por exemplo, as cruzadas, a busca da pedra filosofal, a moda do cultivo de tulipas que certa vez dominou a Holanda, e assim por diante. Como exemplo contemporâneo, ele cita, de modo muito significativo, o caso Dreyfus, com o qual o mundo inteiro ficou extremamente excitado sem nenhum motivo justificável. Existem também modas passageiras e repentinas de novas teorias políticas e filosóficas, ou deste ou daquele escritor, artista ou cientista — por exemplo, Darwin, que (em 1903) começa a cair no esquecimento. E em alguns casos um ídolo popular sem nenhum mérito pode continuar tendo prestígio durante séculos, porque "também ocorre que essas modas, uma vez surgidas por razões especiais que por acaso favorecem seu estabelecimento, correspondem em tal grau às visões de mundo disseminadas na sociedade, e sobretudo nos círculos literários, que se mantêm por muito tempo". As peças de Shakespeare continuaram a ser admiradas por um longo período porque "correspondem à disposição de espírito irreligiosa e imoral das classes mais altas do seu e do nosso tempo".

Quanto ao modo como a fama de Shakespeare *começou*, Tolstoi a explica como tendo sido "levantada" por professores alemães perto do fim do século XVIII. Sua reputação "originou-se na Alemanha, e de lá se transferiu para a Inglaterra". Os alemães decidiram elevar Shakespeare porque, numa época em que não havia arte dramática alemã merecedora de atençao e a literatura clássica francesa começava a parecer fria e artificial, foram cativados pelo "engenhoso desenvolvimento de cenas" de Shakespeare e também encontraram nele uma boa expressão de sua própria postura com relação à vida. Johann Wolfgang Goethe considerou Shakespeare um grande poeta, depois do que todos os outros críticos o seguiram como um bando de papagaios, e desde então a fascinação geral perdurou. O resultado foi uma maior decadência da arte dramatúrgica — Tolstoi toma o cuidado de incluir suas próprias peças ao reprovar o teatro contemporâneo — e uma maior corrupção do panorama moral dominante. Segue que "a falsa glorificação de Shakespeare" é um mal importante que Tolstoi sente ser seu dever combater.

Essa é, portanto, a essência do panfleto de Tolstoi. A primeira impressão que se tem é que, ao qualificar Shakespeare como um escritor ruim, ele afirma algo cuja inverdade é demonstrável. Mas não é esse o caso. Na realidade não existe um tipo de prova ou argumentação com que se possa mostrar que Shakespeare, ou qualquer outro escritor, é "bom". Tampouco existe uma maneira de provar seguramente que — por exemplo — Warwick Deeping é "ruim". Em última análise, não existe nenhuma verificação de mérito literário exceto a sobrevivência, que em si mesma é apenas uma indicação da opinião da maioria. Teorias artísticas como as de Tolstoi não têm o menor valor, porque não só partem de pressuposições arbitrárias como também se apoiam em termos vagos ("sincero", "importante" etc.), que podem ser interpretados como bem quisermos. Para ser exato, não se pode *responder* à crítica de Tolstoi. A pergunta que interessa é: por que ele a fez? É preciso observar, a propósito, que ele recorre a vários argumentos inconsistentes ou desonestos. Alguns merecem destaque não porque invalidam a acusação principal, mas porque são, por assim dizer, indícios de má intenção.

Para começar, o exame que faz de *Rei Lear* não é "imparcial", como afirma por duas vezes. Ao contrário, é um prolongado exercício de deturpação. É evidente que ao resumirmos *Rei Lear* em proveito de quem não o leu não seremos realmente imparciais se introduzirmos uma fala importante (a fala de Lear quando Cordélia está morta em seus braços) desta forma: "De novo começam os terríveis devaneios de Lear, com os quais ficamos envergonhados, como com piadas sem graça". E numa longa sucessão de ocasiões, Tolstoi altera ou falseia ligeiramente os trechos que critica, sempre de maneira que o enredo pareça um pouco mais complicado e improvável, ou a linguagem um pouco mais exagerada. Por exemplo, lemos que Lear "não tem necessidade nem motivo para abdicar", embora o motivo da abdicação (que está velho e deseja se afastar das responsabilidades da soberania) tivesse sido mencionado de forma clara na primeira cena. Ficará evidente que, mesmo no trecho que citei antes, Tolstoi interpretou mal de propósito uma frase e alterou um pouco o sentido de outra, tornando um contrassenso uma observação bastante sensata no contexto. Nenhuma dessas interpretações errôneas é por si só demasiado grave, mas o efeito cumulativo é exagerar a incoerência psicológica da peça. De mais a mais, Tolstoi não é capaz de explicar por que as peças de Shakespeare ainda são impressas, ainda são montadas, duzentos anos após sua morte (quer dizer, *antes* do início da "sugestão epidêmica"); e todo o seu relato da ascensão de Shakespeare à fama é conjectura pontuada por afirmações errôneas indiscutíveis. E, mais uma vez, várias acusações se contradizem: por exemplo, Shakespeare é um mero artista de teatro de variedades e "besteirol", mas por outro lado constantemente coloca seus próprios pensamentos na boca dos personagens. Em geral, é difícil sentir que a crítica de Tolstoi é formulada com boa-fé. De qualquer forma, é impossível que ele acreditasse por inteiro em sua tese principal — ou seja, que por um século ou mais todo o mundo civilizado fora iludido por uma grande e palpável mentira que só ele foi capaz de perceber. Com certeza sua aversão por Shakespeare é bastante real, mas é possível que seus motivos sejam diferentes, ou parcialmente diferentes, do que ele admite; e nisso reside o interesse do panfleto.

Neste ponto, somos obrigados a começar a conjecturar. No entanto, existe uma pista possível, ou ao menos há uma pergunta que pode indicar o caminho para uma pista. É a seguinte: por que Tolstoi, entre mais de trinta e tantas peças para escolher, pinçou *Rei Lear* como seu alvo principal? Verdade: *Lear* é tão conhecida e foi tão elogiada que poderia ser considerada a melhor obra de Shakespeare; no entanto, para o propósito da análise hostil, era provável que Tolstoi escolhesse a peça de que menos gostava. Não seria possível que alimentasse um ódio em relação a essa peça por ser sabedor, consciente ou inconscientemente, da semelhança entre a história de Lear e sua própria história? Mas é melhor responder a essa pergunta indo na direção oposta — ou seja, examinando *Lear* e as qualidades que Tolstoi não menciona.

Uma das primeiras coisas que um leitor inglês notaria no panfleto de Tolstoi é que ele quase não se ocupa de Shakespeare como poeta. Shakespeare é tratado como dramaturgo, e, na medida em que sua popularidade não é espúria, considera-se que ela se deve a habilidades da arte cênica que oferecem boas oportunidades para atores talentosos. Ora, no que respeita aos países de fala inglesa, isso não é verdade. Várias das peças que os entusiastas de Shakespeare mais prezam (por exemplo, *Tímon de Atenas*) raras vezes ou nunca são encenadas, enquanto algumas das mais encenadas, como *Sonho de uma noite de verão*, são as menos admiradas. Quem gosta muito de Shakespeare o aprecia em primeiro lugar pelo uso da linguagem, a "música verbal" que até Bernard Shaw, outro crítico hostil, admite ser "irresistível". Tolstoi ignora isso e não parece compreender que um poema possa ter um valor especial para quem fala o idioma no qual foi escrito. No entanto, mesmo que nos coloquemos no lugar de Tolstoi e tentemos pensar em Shakespeare como um poeta estrangeiro, ainda fica claro que Tolstoi omitiu alguma coisa. A poesia, ao que parece, *não* é apenas uma questão de sons e associações, sem valor fora de seu próprio grupo idiomático: do contrário, como é possível que alguns poemas, inclusive poemas escritos em línguas mortas, atravessem fronteiras? Evidentemente, um poema lírico como "Tomorrow is Saint Valentine's Day" não poderia ser traduzido de modo satisfatório, mas nas obras principais de Shakespeare existe algo descritível como poesia que pode ser separado das palavras. Tolstoi tem razão ao dizer que *Lear* não é uma peça muito boa enquanto peça. É longa demais e tem personagens e intrigas secundárias em excesso. Uma filha cruel bastaria, e Edgar é um personagem supérfluo: de fato, a peça provavelmente seria melhor se Gloucester e seus dois filhos fossem suprimidos. Não obstante, algo, uma espécie de arranjo ou talvez só uma atmosfera, subsiste às complexidades e aos *longueurs*. É possível imaginar *Lear* como um espetáculo de marionetes, uma pantomima, um balé, uma série de imagens. Parte de sua poesia, talvez a parte mais essencial, é inerente à história e independente de qualquer conjunto específico de palavras, assim como da representação física.

Feche os olhos e pense em *Rei Lear*, se possível sem se lembrar de nenhum diálogo. O que vê? Eis, de qualquer maneira, o que se vê: um velho imponente de roupão preto comprido, cabelo e barba brancos que caem com graça, uma figura saída dos desenhos de William Blake (mas também, curiosamente, muito semelhante a Tolstoi), a andar a esmo sob uma tempestade e imprecando contra os céus, em companhia de um Bobo e de um louco. Logo a cena muda, e o velho, ainda imprecando, ainda sem nada entender, segura nos braços uma moça morta, enquanto o Bobo pende de uma forca em algum lugar em segundo plano. Esse é o esqueleto da peça, e mesmo nele Tolstoi quer aparar a maior parte do essencial. Faz objeção à tempestade, por ser desnecessária, ao Bobo, que em sua opinião não passa de um maçante e de um pretexto para fazer más piadas, e à morte de Cordélia, que, a seu ver, priva a peça de moral. De acordo com Tolstoi, a peça anterior, *King Leir*, que Shakespeare adaptou,

> termina com mais naturalidade e mais conforme às exigências morais do espectador do que a de Shakespeare, a saber, com o rei de Gália conquistando os esposos das irmãs mais velhas e com Cordélia, em vez de ser morta, restituindo Leir à posição anterior.

Em outras palavras, a tragédia deveria ter sido uma comédia ou talvez um melodrama. É duvidoso que o sentimento de tragédia seja compatível com a crença em Deus: de qualquer maneira, não é compatível com a descrença na dignidade humana e com o tipo de "exigência moral" que se sente traído quando a virtude não consegue triunfar. Uma situação trágica existe precisamente quando a virtude *não* triunfa, mas quando ainda se sente que o homem é mais nobre do que as forças que o destroem. Talvez seja mais sugestivo Tolstoi não ver nenhuma justificativa para a presença do Bobo. O Bobo é essencial para a peça. Ele atua não só como uma espécie de coro, tornando a situação mais clara ao comentar sobre ela de uma forma mais inteligente do que os outros personagens, mas também para dar relevo aos devaneios de Lear. Suas piadas, seus enigmas e fragmentos de poemas rimados, suas contínuas indiretas aos desatinos arrogantes de Lear, que vão do simples motejo a uma espécie de poesia melancólica ("Tu te desfizeste de todos os títulos com que nasceste"), são como um fio de sanidade mental que corre pela peça, um lembrete de que em algum lugar, a despeito das injustiças, crueldades, intrigas, trapaças e discórdias que aqui são sancionadas, a vida continua como de costume. Na impaciência de Tolstoi para com o Bobo, temos um vislumbre de sua rixa mais profunda com Shakespeare. Ele faz objeções, com certa razão, às imperfeições das peças de Shakespeare, às irrelevâncias, aos enredos inverossímeis, à linguagem exagerada; porém o que talvez no fundo mais lhe desagrade é uma espécie de exuberância, uma tendência a ter não tanto prazer, mas simplesmente um interesse no processo real da vida. É um equívoco tachar Tolstoi de um moralista que critica um artista. Ele jamais afirmou que a arte, como tal, é maligna ou carece de sentido, assim como não afirmou que a virtuosidade técnica carece de importância. Mas seu objeto principal, nos últimos anos, foi reduzir o âmbito da consciência humana. Nossos interesses, nossos pontos de ligação com o mundo físico e a luta cotidiana devem ser os mínimos e não os máximos possíveis. A literatura deve consistir em parábolas, desprovidas de detalhes e quase independentes da linguagem. As parábolas — e nisso Tolstoi se diferencia do puritano mediano vulgar — devem elas mesmas ser obras de arte, porém delas se deve excluir prazer e curiosidade. A ciência também deve se separar da curiosidade. O objetivo da ciência, diz ele, não é descobrir o que ocorre, mas ensinar o homem a viver. O mesmo se aplica à história e à política. Há muitos problemas que simplesmente não vale a pena resolver (por exemplo, o caso Dreyfus), e ele se dispõe a deixá-los como estão. De fato, toda a sua teoria de "modas" ou "sugestões epidêmicas", na qual inclui coisas como cruzadas e a paixão dos holandeses pelo cultivo de tulipas, revela uma disposição para considerar as atividades humanas como simples azáfama de formigas, inexplicáveis e desinteressantes. Evidentemente não poderia ter paciência com um escritor caótico, minucioso e digressivo como Shakespeare. Reage como um velho aborrecido com um menino buliçoso. "Por que fica pulando assim de um lado para o outro? Não pode sossegar, como eu?" De certo modo, o velho tem razão, mas o problema é que o menino tem uma sensação nos membros do corpo que o velho já perdeu. E, se o velho tiver conhecimento da existência dessa sensação, o efeito é apenas o aumento da irritação: ele tornaria as crianças senis, se pudesse. Tolstoi talvez não saiba o que *está perdendo* em Shakespeare, mas está ciente de que perde alguma coisa e decidido a que outros também sejam privados dela. Por natureza, é imperioso e egoísta. Bem depois de se tornar adulto, de vez em quando ainda maltratava os criados em momentos de ira, e um pouco mais tarde, de acordo com o biógrafo inglês Derrick Leon, sentia "um desejo frequente, à mais leve provocação, de esbofetear as pessoas de quem discordava". Não é possível se livrar desse tipo de temperamento por uma conversão religiosa, e de fato é claro que a ilusão de ter renascido possa permitir que os vícios inatos floresçam mais livremente do que antes, embora talvez sob formas mais sutis. Tolstoi era capaz de repudiar a violência física e de perceber suas implicações, mas era incapaz de tolerância e humildade, e mesmo que nada soubéssemos sobre seus outros escritos poderíamos inferir sua tendência à intimidação espiritual a partir deste único panfleto.

No entanto, Tolstoi não está apenas privando as pessoas de um prazer de que não compartilha. Faz isso, mas a rixa com Shakespeare vai além. É a rixa entre a postura religiosa e a humanista diante da vida. Aqui voltamos ao tema central de *Rei Lear*, que Tolstoi não menciona, embora apresente o enredo com alguns detalhes.

Lear é uma das poucas peças de Shakespeare que são inequivocamente *sobre* alguma coisa. Como Tolstoi censura com razão, escreveu-se muita tolice acerca de Shakespeare ter sido filósofo, psicólogo, "grande mestre da moral" e outras coisas mais. Shakespeare não foi um pensador sistemático, seus pensamentos mais sérios são ditos com irrelevância ou de forma indireta, e não sabemos até que ponto ele escreveu com um "propósito" ou mesmo quantas das obras que lhe atribuem foram de fato escritas por ele. Nos sonetos ele jamais se refere às peças como parte de suas realizações, embora faça o que parece ser uma alusão meio envergonhada de sua carreira de ator. É perfeitamente possível que considerasse ao menos metade de suas peças obras de pouca qualidade feitas para ganhar dinheiro e quase não se preocupasse com propósito ou verossimilhança, desde que pudesse juntar coisas, em geral de material roubado, que fossem mais um menos coerentes no palco. No entanto, essa não é a história completa. Para começar, como o próprio Tolstoi assinala, Shakespeare tinha o hábito de pôr reflexões gratuitas na boca dos personagens. Essa é uma falha grave num dramaturgo, mas não se ajusta ao retrato que Tolstoi faz de Shakespeare como escrevinhador vulgar sem opiniões próprias e que deseja apenas produzir grandes efeitos com o mínimo esforço. E, mais do que isso, cerca de dez de suas peças, a maioria escrita depois de 1600, indiscutivelmente têm um significado e mesmo uma moral. Giram em torno de um tema central que em alguns casos pode ser resumido em uma palavra. Por exemplo, *Macbeth* é sobre ambição, *Otelo* é sobre ciúme e *Tímon de Atenas* é sobre dinheiro. O tema de *Lear* é renúncia, e só quem for insensível de propósito não conseguirá entender o que Shakespeare diz.

Lear renuncia ao trono, mas espera que todos continuem a tratá-lo como rei. Não percebe que, se entregar o poder, as pessoas se aproveitarão de sua fraqueza, nem que os que o exaltam em excesso, ou seja, Regan e Goneril, são justamente os que se voltarão contra ele. Assim que se dá conta de que já não consegue fazer com que as pessoas o obedeçam como antes, cede a uma fúria que Tolstoi descreve como "estranha e inatural", mas que na verdade está perfeitamente de acordo com a índole do personagem. Na loucura e no desespero, passa por duas disposições de ânimo também bastante naturais naquelas circunstâncias, embora seja provável que em uma delas esteja sendo usado em parte como porta-voz das opiniões de Shakespeare. Uma das disposições de ânimo é o desgosto, em que Lear se arrepende, por assim dizer, de ter sido rei, compreendendo pela primeira vez a podridão da justiça formal e da moralidade vulgar. A outra é a fúria impotente, com a qual ele elabora vinganças imaginárias contra aqueles que o trataram de forma injusta. "Que milhares de línguas de fogo ardente caiam silvando sobre eles!", e:

Era um delicado estratagema ferrar
Uma tropa de cavalos com feltro: porei à prova!
E depois de furtivamente me aproximar desses genros,
*Matar, matar, matar, matar, matar!**

Somente no final se dá conta, como homem sensato, de que o poder, a vingança e a vitória não valem a pena:

* *It were a delicate stratagem to shoe/ A troop of horse with felt: I'll put't in proof;/ And when I have stol'n upon these sons-in-law,/ Then kill, kill, kill, kill, kill!* (N. T.)

Não, não, não! Ora, vamos à prisão [...]
[...] e nos desgastaremos,
Numa prisão fortificada, bandos e seitas de poderosos
*Que refluem sob a lua.**

Mas quando faz a descoberta é tarde demais, porque sua morte e a de Cordélia já estão decididas. Essa é a história e, descontando certa deselegância narrativa, é uma história muito boa.

E não é também curiosamente parecida com a história do próprio Tolstoi? Existe uma semelhança geral que mal podemos evitar ver, porque o acontecimento mais importante na vida de Tolstoi, como na de Lear, foi um ato grandioso e gratuito de renúncia. Na velhice, renunciou à propriedade, ao título e aos direitos autorais, e fez uma tentativa — uma tentativa sincera, embora sem êxito — de se livrar da posição privilegiada e viver uma vida de camponês. Mas a semelhança mais profunda reside no fato de que Tolstoi, como Lear, agiu por motivos errôneos e não alcançou os resultados pretendidos. De acordo com Tolstoi, o objetivo de todo ser humano é a felicidade, e só se tem felicidade fazendo a vontade de Deus. Fazer a vontade de Deus significa abandonar os prazeres e ambições terrenos e viver apenas para os semelhantes. Em última análise, portanto, Tolstoi renunciou ao mundo na expectativa de que isso o tornaria mais feliz. Mas, se há algo indiscutível quanto a seus últimos anos, é que ele *não* era feliz. Ao contrário, quase foi levado à loucura em virtude do comportamento dos que o cercavam, que o perseguiram justamente *por causa* de sua renúnica. Como Lear, Tolstoi não era humilde nem um bom conhecedor de caráter. Havia momentos em que tendia a reassumir atitudes de aristo-

* *No, no, no! Come, let's away to prison [...]/ [...] and we'll wear out,/ In a wall'd prison, packs and sects of great ones/ That ebb and flow by the moon.* (N. T.)

crata, a despeito da roupa de camponês, e até teve dois filhos em quem confiava e que no fim se voltaram contra ele — embora, claro, de modo menos sensacional do que Regan e Goneril. Sua exagerada repugnância da sexualidade também foi nitidamente semelhante à de Lear. A observação de Tolstoi de que o casamento é "escravidão, saciedade, repulsa" e significa aturar a proximidade de "feiura, sujeira, odor, chagas" se equipara à conhecida explosão de Lear:

Mas a cinta os deuses herdam,
Debaixo estão todos os demônios;
Há inferno, há escuridão, há o abismo sulfuroso,
*Ardência, queima, fedor, consumpção etc. etc.**

E embora Tolstoi não pudesse prevê-lo quando escreveu o ensaio sobre Shakespeare, até o fim de sua vida — a repentina fuga não planejada pelo país, acompanhado apenas por uma filha leal, a morte num chalé num vilarejo estranho — parece ter uma espécie de reminiscência espectral de Lear.

Claro que não se pode supor que Tolstoi estivesse ciente dessa semelhança ou que a teria admitido caso lhe chamassem a atenção para ela. Mas sua atitude com relação à peça deve ter sido influenciada pelo tema. Renunciar ao poder, abrir mão de terras, esses eram temas que ele tinha motivo para sentir fundo. Provavelmente, portanto, ficaria mais irritado e perturbado com a moral que Shakespeare extrai disso do que teria ficado no caso de outra peça — por exemplo, *Macbeth* — que não tocasse sua própria vida tão de perto. Mas *qual é* exatamente a moral de

* *But to the girdle do the gods inherit./ Beneath is all the fiends;/ There's hell, there's darkness, there's sulphurous pit,/ Burning, scalding, stench, consumption, etc. etc.* (N. T.)

Lear? Sem dúvida, há duas morais: uma explícita, a outra implícita na história.

Shakespeare parte da hipótese de que se despojar da autoridade é provocar um ataque. Isso não quer dizer que *todos* se voltarão contra nós (Kent e o Bobo mantêm-se leais a Lear do começo ao fim), mas possivelmente *alguém* irá fazê-lo. Se jogarmos fora nossas armas, uma pessoa com menos escrúpulos as recolherá. Se oferecermos a outra face, receberemos uma bofetada mais forte do que a primeira. Isso não acontece sempre, mas é esperado, e não devemos nos queixar se acontecer. A segunda bofetada é, por assim dizer, parte da ação de oferecer a outra face. Antes de mais nada, portanto, há a moral sensata e vulgar tirada pelo Bobo: "Não renuncie ao poder, não abra mão das terras". Mas há ainda outra moral. Shakespeare nunca a formula de forma literal, e não importa muito se está plenamente ciente disso. Está contida na história, que, afinal, ele criou ou alterou para se adequar a seus propósitos. É a seguinte: "Abra mão das terras, se quiser, mas não espere conquistar a felicidade com isso. Provavelmente não conquistará a felicidade. Se viver para os seus semelhantes, deve viver *para os seus semelhantes*, e não como uma forma indireta de obter um benefício para si mesmo".

Obviamente, nenhuma dessas conclusões poderia agradar Tolstoi. A primeira expressa o egoísmo comum e mundano do qual, com toda a sinceridade, ele procurava fugir. A outra está em conflito com o desejo de comer o bolo e tê-lo — quer dizer, destruir o próprio egoísmo e, ao fazê-lo, conquistar a vida eterna. Claro que *Lear* não é um sermão a favor do altruísmo. Apenas mostra os resultados da prática da abnegação por motivos egoístas. Shakespeare tinha um considerável traço de mundanismo e, se forçado a tomar partido em sua própria peça, provavelmente demonstraria simpatia pelo Bobo. Mas ao menos pôde enxergar todo o problema e tratá-lo no plano da tragédia. O vício é punido, porém a virtude não é recompensada. A moralidade das tragédias posteriores de Shakespeare não é religiosa no sentido comum, e decerto não é cristã. Apenas duas delas, *Hamlet* e *Otelo*, são supostamente ambientadas na era cristã, e mesmo nelas, afora os esgares do espectro em *Hamlet*, não há indicações de um "outro mundo" em que tudo será consertado. Todas essas tragédias partem da hipótese humanista de que a vida, embora cheia de tristeza, vale a pena ser vivida, e de que o homem é um animal nobre — uma crença da qual na velhice Tolstoi não compartilhou.

Tolstoi não era um santo, mas tentou arduamente se tornar santo, e os critérios que aplicou à literatura foram espirituais. É importante compreender que a diferença entre um santo e um ser humano comum é de tipo, e não de grau. Ou seja, um não deve ser considerado uma forma imperfeita do outro. O santo, de qualquer maneira o tipo de santo de Tolstoi, não tenta alcançar um aprimoramento na vida terrena: tenta acabar com ela e colocar algo diferente no lugar. Uma expressão óbvia disso é a asserção de que o celibato é "mais elevado" do que o casamento. Se ao menos, diz Tolstoi na verdade, parássemos de procriar, lutar, porfiar e desfrutar, se pudéssemos nos livrar não só dos pecados mas também de tudo o mais que nos prende à superfície da Terra — inclusive o amor, no sentido comum de zelar mais por um ser humano do que por outro —, então todo o processo doloroso estaria terminado, e o reino dos céus chegaria. No entanto, um ser humano comum não deseja o reino dos céus: deseja que a vida na Terra continue. Isso não é só porque ele seja "fraco", "pecaminoso" e ansioso por uma "diversão". A maioria das pessoas se diverte razoavelmente na vida, mas em compensação a vida sofre, e apenas os mais novos ou os mais tolos imaginam o contrário. Em última análise, é a atitude cristã que é egoísta e hedonista, uma vez que o objetivo é sempre fugir da luta dolorosa da vida terrena para encontrar a paz eterna em algum tipo de reino dos céus ou nirvana. A atitude humanista é a de que a luta deve continuar e a morte é o preço da vida. "Os homens devem suportar a passagem daqui, mesmo ao chegarem mais perto: maturidade é tudo" — o que é um sentimento não cristão. Muitas vezes há uma aparente trégua entre o humanista e o crente religioso, mas na verdade é impossível reconciliar suas atitudes: temos de escolher entre este mundo e o outro. E a grande maioria dos seres humanos, se entendesse a questão, escolheria este mundo. É essa de fato a escolha que fazem ao continuar a trabalhar, procriar e morrer, em vez de atrofiar suas faculdades na esperança de obter uma nova existência em outro lugar.

Não sabemos muito sobre as crenças religiosas de Shakespeare, e com base nos indícios de seus escritos seria difícil provar que tivesse uma. Mas de qualquer maneira não era um santo nem um pretenso santo: era um ser humano e, em certos aspectos, não muito bom. É certo, por exemplo, que gostava de manter boas relações com os ricos e poderosos e era capaz de lisonjeá-los da forma mais servil. Era também notavelmente, para não dizer covardemente, cauteloso na maneira de emitir opiniões mal acolhidas. Quase nunca põe uma observação subversiva ou cética na boca de um personagem passível de ser identificado com ele mesmo. Em todas as suas peças, os críticos sociais perspicazes, as pessoas que não se deixam levar pelas falácias aceitas, são bufões, vilões, loucos ou pessoas de sanidade mental simulada, ou então se acham num estado de histeria franca. *Lear* é uma peça em que tal tendência está particularmente acentuada. Contém uma boa dose de crítica social velada — um aspecto que Tolstoi deixa passar —, mas tudo é expresso pelo Bobo, por Edgar quando se finge de louco ou por Lear durante seus acessos de loucura. Nos momentos de sensatez, Lear quase não faz um comentário inteligente. E no entanto o próprio fato de que Shakespeare precisou recorrer a esses subterfúgios mostra a amplitude de seus pensamentos. Não se abstinha de comentar quase tudo, embora para isso pusesse uma série de máscaras. Quem alguma vez leu Shakespeare com atenção dificilmente passará um dia sem citá-lo, porque não há muitos temas de grande importância que ele não aborde ou ao menos mencione de uma forma ou de outra, com sua maneira assistemática mas iluminadora. Mesmo as inúmeras irrelevâncias que sobrecarregam todos os personagens de suas peças — os jogos de palavras e os enigmas, as listas de nomes, os fragmentos de relatos, como a conversa entre os mensageiros em *Henrique IV*, as piadas obscenas, os fragmentos resgatados de baladas esquecidas — são simplesmente produtos de uma vitalidade excessiva. Shakespeare não era filósofo nem cientista, mas tinha curiosidade: adorava a superfície da Terra e o processo da vida — o que, deve-se repetir, *não* equivale a querer se divertir e estar vivo o maior tempo possível. É claro que não foi em razão da qualidade de seu pensamento que Shakespeare sobreviveu, e talvez não fosse sequer lembrado como dramaturgo se também não tivesse sido poeta. Ele nos cativa sobretudo pela linguagem. Shakespeare tinha um profundo fascínio pela melodia das palavras, o que provavelmente se pode inferir das falas de Pistol. O que Pistol diz é em grande parte insignificante, mas se tomarmos as falas individualmente perceberemos que são poesia retórica magnífica. Evidentemente, fragmentos de um disparate retumbante ("Que enchentes se avolumem, e demônios por alimento uivem" etc.) surgiam de modo espontâneo a toda hora na cabeça de Shakespeare, e um personagem meio louco tinha de ser inventado para que fossem utilizados. A língua materna de Tolstoi não era o inglês, e não podemos culpá-lo por ter ficado indiferente à poesia de Shakespeare, nem, talvez, por ter se recusado a crer que a habilidade de Shakespeare com as palavras fosse algo fora do comum. Mas ele também teria rejeitado a ideia de avaliar poesia por meio de sua textura — quer dizer, avaliá-la como uma espécie de música. Se de algum modo tivesse sido possível provar a Tolstoi que toda a explicação que deu para a ascensão de Shakespeare à fama é equivocada, que ao menos dentro do mundo de língua inglesa a popularidade de Shakespeare é autêntica, que a simples habilidade de ele colocar uma sílaba ao lado de outra proporcionou um prazer intenso a geração após geração dos povos de língua inglesa — nada disso teria tido importância como mérito de Shakespeare, bem ao contrário. Teria sido simplesmente mais uma prova da natureza terrena e irreligiosa de Shakespeare e de seus admiradores. Tolstoi teria dito que a poesia deve ser julgada por seu significado e que sons sedutores apenas fazem com que significados falsos passem despercebidos. Em todos os níveis é a mesma questão — este mundo contra o outro, e com certeza a música é algo que pertence a este mundo.

Uma espécie de dúvida sempre pairou sobre o caráter de Tolstoi, como sobre o caráter de Gandhi. Ele não era um hipócrita vulgar, como declararam que era, e provavelmente teria imposto a si mesmo sacrifícios ainda maiores, se as pessoas que o cercavam não tivessem interferido a cada passo, sobretudo a esposa. Mas de outro lado é um risco entender homens como Tolstoi por meio da apreciação de seus discípulos. Sempre existe a possibilidade — de fato a probabilidade — de que nada mais fizeram além de trocar uma forma de egoísmo por outra. Tolstoi renunciou a riqueza, fama e privilégio; condenou a violência sob todas as formas e se dispôs a sofrer ao fazê-lo; mas não é muito fácil acreditar que tenha condenado o princípio da coerção, ou ao menos o *desejo* de coagir outros. Existem famílias em que o pai diz ao filho: "Vou te encher de pancada se você fizer isso de novo", enquanto a mãe, os olhos cheios de lágrimas, pegará a criança nos braços e carinhosamente dirá num sussurro: "Agora, amorzinho, é ser *bonzinho* com a mamãe fazer isso?". E quem pode garantir que o segundo método é menos tirânico do que o primeiro? A distinção que realmente importa não é entre violência e não violência, mas entre ter e não ter fome de poder. Existem pessoas que estão convencidas da iniquidade dos exércitos e das forças policiais, porém têm maneiras bem mais intolerantes e inquisitoriais do que a pessoa normal que acredita ser necessário recorrer à violência em determinadas circunstâncias. Não dizem a alguém: "Faça isto, mais isto e aquilo, senão vai para a prisão", mas entrarão, se puderem, na cabeça do outro e lhe ditarão os pensamentos nos mínimos detalhes. Doutrinas como pacifismo e anarquismo, que na superfície parecem implicar uma renúncia total ao poder, estimulam em vez disso essa formação mental. Porque, se abraçarmos uma doutrina que aparenta ser livre da sordidez corrente da política — uma doutrina da qual não podemos esperar obter nenhuma vantagem material —, isso provará com certeza que estamos certos? E quanto mais certos estamos, é mais natural que todo mundo seja pressionado a pensar da mesma forma.

Se acreditarmos no que está escrito no panfleto, Tolstoi jamais conseguiu ver nenhum mérito em Shakespeare e sempre se espantou ao constatar que seus colegas escritores, Turgueniev, Fet e outros, pensavam de forma diferente. Podemos estar seguros de que no período de impenitência as conclusões de Tolstoi teriam sido: "Você gosta de Shakespeare, eu não. Deixemos por isso mesmo". Mais tarde, quando a percepção de que o mundo se compõe de diversas qualidades o abandonou, ele começou a pensar que os escritos de Shakespeare eram um tanto perigosos para ele. Quanto mais as pessoas apreciassem Shakespeare, menos atenção dariam a Tolstoi. Portanto, não se deve *permitir* que as pessoas gostem de Shakespeare, assim como não se deve permitir que tomem bebidas alcoólicas ou fumem. É verdade que Tolstoi não as impediria à força. Não exige que a polícia apreenda todos os exemplares das obras de Shakespeare. Mas jogará sujo com Shakespeare, se puder.

Tentará entrar na cabeça de cada admirador de Shakespeare e matará o prazer com todas as artimanhas que puder, inclusive — como mostrei no resumo desse panfleto — com argumentos incoerentes ou mesmo de honestidade duvidosa.

Mas, por fim, a coisa mais notável é que isso faz pouquíssima diferença. Como disse antes, não podemos *responder* ao panfleto de Tolstoi, ao menos a suas avaliações principais. Não existe argumento com o qual possamos defender um poema. Ele se defende ao sobreviver, ou é indefensável. E se esse teste tiver validade, penso que o veredicto no caso de Shakespeare deve ser "inocente". Como qualquer outro escritor, Shakespeare será esquecido cedo ou tarde, mas é improvável que se faça contra ele uma acusação mais pesada. Tolstoi foi talvez o literato mais admirado de sua época, e com certeza não foi o menos competente escritor de panfletos. Concentrou todas as suas forças na denúncia contra Shakespeare, como todos os canhões de um navio de guerra ribombando simultaneamente. E qual foi o resultado? Quarenta anos depois, Shakespeare continua lá, nem um pouco atingido, e da tentativa de demoli-lo nada resta exceto as páginas amareladas de um folheto que quase ninguém leu e que seria totalmente esquecido se Tolstoi também não tivesse sido o autor de *Guerra e paz* e *Ana Karenina*.

Polemic, 1947.

4. Política *versus* literatura: uma análise de *Viagens de Gulliver*

Em *Viagens de Gulliver*, a humanidade é atacada, ou criticada, de pelo menos três pontos de vista, e com isso o próprio personagem de Gulliver, aí incluído, se transforma um pouco. Na primeira parte, ele é o típico viajante do século XVIII, audacioso, prático e sem romantismo, sua atitude simples inculcada habilmente no leitor pelos detalhes biográficos do início, pela idade (é um homem de quarenta anos, com dois filhos, quando a aventura começa) e pela lista de coisas nos bolsos, sobretudo os óculos, que aparecem várias vezes. Na segunda parte, mantém em geral o mesmo caráter, mas nos momentos em que a história exige tende a se converter num imbecil capaz de se orgulhar de "nossa nobre nação, a soberana das artes e das armas, o flagelo da França", e assim por diante, e ao mesmo tempo tende a trair cada fato escandaloso disponível acerca da nação que declara amar. Na terceira parte, ele é mais ou menos como era na primeira, embora, por manter relações em especial com cortesãos e homens de cultura, tenhamos a impressão de que subiu na escala social. Na quarta parte, concebe um horror à raça humana que não é evidente, ou é evidente apenas a intervalos, nos primeiros livros, e se transforma numa espécie de anacoreta irreligioso cujo único desejo é viver num lugar solitário onde possa se dedicar à meditação da deusa dos houyhnhnms. Essas incoerências, no entanto, impõem-se a Jonathan Swift pelo fato de que Gulliver está presente sobretudo para estabelecer um contraste. É necessário, por exemplo, que pareça sensato na primeira parte e ao menos periodicamente tolo na segunda, porque nos dois livros a trama essencial é a mesma, ou seja, fazer o ser humano parecer ridículo ao imaginá-lo como uma criatura de quinze centímetros de altura. Toda vez que Gulliver não age como coadjuvante há em seu caráter uma espécie de continuidade, que se evidencia particularmente na inventiva e na observação de detalhes físicos. Ele é, em essência, a mesma pessoa, com o mesmo estilo de prosa, quando conquista os navios de guerra de Blefuscu, quando rasga as entranhas do rato monstruoso e quando navega pelo oceano no frágil barquinho feito com o couro dos yahoos. Além disso, é difícil não sentir que, nos momentos mais perspicazes, Gulliver é simplesmente o próprio Swift, e há ao menos um incidente no qual Swift parece exprimir um ressentimento pessoal contra a sociedade contemporânea. Quando o palácio do imperador pega fogo, Gulliver o apaga com sua urina. Em vez de ser felicitado pela presença de espírito, ele constata que cometeu um crime capital ao urinar nos recintos do palácio e

> afiançaram-me confidencialmente que a imperatriz, concebendo a maior repulsa ao que eu fizera, mudou-se para a ala mais distante da corte, firmemente resolvida a que aqueles prédios jamais fossem restaurados para uso próprio; e, na presença dos principais confidentes, não se absteve de jurar vingança.

De acordo com o professor George Macaulay Trevelyan (*England under Queen Anne* [*A Inglaterra no reinado da rainha Ana*, 1930-4]), parte do motivo pelo qual Swift não conseguiu um cargo honorífico foi a rainha ter se escandalizado com *A tale of a tub* [*História de uma banheira*] — um panfleto com o qual Swift provavelmente acreditou ter prestado um grande serviço à Coroa inglesa, uma vez que nele atormenta os dissidentes, e ainda mais os católicos, ao mesmo tempo que poupa a Igreja anglicana. Em todo caso, ninguém negaria que *Viagens de Gulliver* é um livro tanto rancoroso como pessimista e que, sobretudo na primeira e na terceira parte, com frequência resvala num tipo de proselitismo político estreito. Mesquinhez e magnanimidade, republicanismo e autoritarismo, amor à razão e falta de curiosidade estão todos misturados. A aversão ao corpo humano, à qual Swift está particularmente associado, predomina apenas na primeira parte, mas de certa forma essa nova preocupação não surpreende. Temos a impressão de que todas essas aventuras, todas essas mudanças de disposição de ânimo poderiam ter acontecido à mesma pessoa, e de que a ligação entre as lealdades políticas de Swift e seu supremo desespero é um dos aspectos mais interessantes do livro.

Em termos políticos, Swift foi uma dessas pessoas levadas a um tipo de conservadorismo perverso pelos desatinos da ala progressista do movimento. A primeira parte de *Viagens de Gulliver*, aparentemente uma sátira à grandeza humana, pode ser vista, se olharmos com um pouco mais de profundidade, como um simples ataque à Inglaterra, ao partido liberal-conservador e à guerra com a França, que — não importa o quanto os motivos dos aliados tenham sido errôneos — impediu que a Europa fosse tiranizada por uma única força reacionária. Swift não era um jacobita nem, estritamente falando, um conservador, e seu declarado objetivo na guerra foi apenas um tratado de paz moderado, e não a derrota total da Inglaterra. No entanto, há em sua atitude um toque de colaboracionismo, que se revela no fim da primeira parte e interfere um pouco na alegoria. Quando Gulliver foge de Lilliput (Inglaterra) para Blefuscu (França), o pressuposto de que um ser humano de quinze centímetros de altura é intrinsicamente desprezível parece ser abandonado. Enquanto as pessoas de Lilliput se comportaram com traição e mesquinhez extremas com Gulliver, as de Blefuscu se comportam com generosidade e franqueza, e de fato essa parte do livro termina num tom diferente da desilusão geral dos capítulos anteriores. Evidentemente, a animosidade de Swift é, em primeiro lugar, com a Inglaterra. São "seus nativos" (ou seja, os compatriotas de Gulliver) que o rei de Brobdingnag considera serem "a mais perniciosa raça de vermezinhos odiosos que a natureza jamais fez rastejar na superfície da Terra", e o longo trecho no fim, que denuncia a colonização e a conquista estrangeiras, visa claramente à Inglaterra, embora se afirme o contrário com minúcias. Os holandeses, aliados da Inglaterra e alvos de um dos panfletos mais famosos de Swift, também são mais ou menos gratuitamente atacados na terceira parte. Há até algo que soa como um toque pessoal no trecho em que Gulliver registra sua satisfação com o fato de que os vários países que descobriu não podem ser transformados em colônias da Coroa britânica:

> Os *houyhnhnms*, de fato, não parecem estar tão bem preparados para a guerra, uma ciência que desconhecem completamente, e sobretudo contra armas missivas. No entanto, supondo que eu fosse vice-ministro, jamais lhes poderia ter advertido por invadi-los. [...] Imagine vinte mil deles irrompendo num exército *europeu*, tumultuando as tropas, tombando as carretas, reduzindo o rosto dos combatentes a polpa com terríveis golpes dos cascos traseiros [...]

Levando em conta que Swift não desperdiça palavras, a frase "reduzindo o rosto dos combatentes a polpa" provavelmente indica um desejo íntimo de ver os exércitos invencíveis do duque de Marlborough tratados de maneira semelhante. Há vestígios similares em outros momentos. Até o país mencionado na terceira parte, onde "a maioria do povo consiste, de certa forma, inteiramente em descobridores, testemunhas, informantes, acusadores, promotores públicos, depoentes, jurados, junto com vários instrumentos subservientes e subalternos, todos submissos às opiniões, à conduta e ao pagamento dos vice-ministros", é chamado de Langdon, que pela falta de uma letra não forma um anagrama de Inglaterra [*England*]. (Visto que as primeiras edições do livro contêm erros tipográficos, a intenção talvez tivesse sido um anagrama completo.) A repulsa *física* que Swift sente pela humanidade é decerto muito verdadeira, mas temos a impressão de que o desmascaramento da grandeza humana, as diatribes contra nobres, políticos, prediletos da corte etc. aplicam-se sobretudo em termos regionais e se originam do fato de que ele pertencia a um partido malsucedido. Ele denuncia a injustiça e a opressão, mas não apresenta nenhum indício de gostar da democracia. Apesar de seus poderes muitíssimo maiores, sua posição subentendida é bastante semelhante à dos inúmeros conservadores espertos e patetas de nossos dias — gente como sir Alan Herbert, professor G. M. Young, lorde Elton, a Comissão de Reformas dos conservadores ou a longa linhagem de apologistas católicos, a começar por William Hurrell Mallock: gente especializada em fazer gracejos de bom gosto à custa do que quer que seja "moderno" e "progressista", cujas opiniões são quase sempre ainda mais radicais, pois sabem que não podem influenciar o atual curso dos acontecimentos. Afinal, um panfleto como *An argument to prove that the abolishing of Christianity* [*Um argumento para demonstrar que a abolição do cristianismo*, de Swift] é bastante semelhante a "Timothy Shy" se divertir um bocado com *Custódia do Cérebro* [*Brains Trust*] ou o padre Ronald Knox denunciar os erros de Bertrand Russell. E a facilidade com que Swift foi perdoado — e perdoado, às vezes, por adeptos devotos — pelas blasfêmias de *A tale of a tub* mostra com clareza a debilidade dos sentimentos religiosos quando comparados aos sentimentos políticos.

No entanto, a mentalidade reacionária de Swift não se revela principalmente em suas afiliações políticas. O importante é sua atitude diante da ciência e, em linhas mais gerais, diante da curiosidade intelectual. A famosa Academia de Lagado, descrita na terceira parte de *Viagens de Gulliver*, é sem dúvida uma sátira justificável aos supostos cientistas da época de Swift. Sugestivamente, as pessoas que ali trabalham são qualificadas como "projetistas", ou seja, pessoas não envolvidas em pesquisas desinteressadas, mas apenas atentas a artifícios que poupem trabalho e gerem dinheiro. Mas não há indicação — de fato, ao longo de todo o livro há indicações em contrário — de que a ciência "pura" parecia a Swift uma atividade valiosa. O tipo mais sério de cientista já tinha levado um puxão de orelha na terceira parte, quando os "estudiosos" patrocinados pelo rei de Brobdingnag tentam explicar a pequena estatura de Gulliver:

> Depois de muito debate, concluíram unanimemente que eu era apenas um *Relplum scalcath*, que é interpretado literalmente, *Lusus naturae*; uma definição perfeitamente aceitável para a moderna filosofia da *Europa*, cujos professores, desdenhando a antiga evasiva das *causas ocultas*, por meio da qual os seguidores de Aristóteles em vão se esforçaram para disfarçar sua ignorância, inventaram esta maravilhosa solução para todas as dificuldades, para o inefável avanço do conhecimento humano.

Se houvesse alguma sustentação nisso, poderíamos supor que Swift é simplesmente o inimigo da ciência *impostora*. Em várias partes, no entanto, ele se dá ao trabalho de proclamar a inutilidade de todo conhecimento ou de toda especulação não voltados para um fim prático:

> O conhecimento dos (brobdingnaguianos) é muito deficiente, consistindo apenas em moral, história, poesia e matemática, em que devem se distinguir. Mas o último destes aplica-se inteiramente ao que pode ser útil na vida, à melhoria da agricultura e todas as artes mecânicas; de maneira que entre nós teria pouco valor. Quanto a ideias, entidades, abstrações e transcendências, jamais consegui lhes meter o menor conceito na cabeça.

Os houyhnhnms, seres ideais de Swift, são atrasados até mesmo no sentido mecânico. Não conhecem metais, nunca ouviram falar de barcos, não praticam, na verdade, a agricultura (somos informados de que a aveia de que se alimentam "cresce naturalmente") e parece que não inventaram a roda.* Não possuem alfabeto e, evidentemente, não têm muita curiosidade sobre o mundo físico. Não acreditam que exista outro país habitado afora o deles e, embora entendam os movimentos do Sol e da Lua, assim como a natureza dos eclipses, "este é o maior progresso de sua *Astronomia*". Em contraposição, os filósofos da ilha flutuante de Laputa vivem tão absorvidos em especulações matemáticas que antes de alguém se dirigir a eles precisa lhes chamar a atenção batendo-lhes na orelha com uma bexiga. Catalogaram dez mil estrelas fixas, estabeleceram os períodos de 93 cometas e descobriram, antes dos astrônomos da Europa continental, que Marte tinha duas luas —

* Houyhnhnms demasiado velhos para andar são descritos como sendo carregados em "trenós" ou num "tipo de veículo, puxado como um trenó". Provavelmente eram desprovidos de rodas. (N. A.)

informações que, claro, Swift considera ridículas, inúteis e sem interesse. Como poderíamos esperar, ele crê que o lugar do cientista, se houver um lugar, é no laboratório, e que o conhecimento não tem relação com questões políticas:

> O que [...] julguei totalmente inexplicável foi a forte disposição que observei neles para a notícia e a política, sempre investigando os assuntos públicos, oferecendo pareceres sobre assuntos do Estado e contestando apaixonadamente cada palavra de uma opinião partidária. Observei, com efeito, a mesma disposição na maioria dos matemáticos que conheci na *Europa*, embora nunca tenha descoberto a menor analogia entre as duas ciências; a não ser que essas pessoas suponham que, porque o menor círculo contém tantos graus quanto o maior, o regulamento e a administração do mundo não requerem mais habilidades do que a manipulação e a rotação de um globo.

Não há algo de familiar nesta frase "embora nunca tenha descoberto a menor analogia entre as duas ciências"? Ela tem exatamente o mesmo tom dos apologistas católicos populares que se declaram pasmos quando um cientista emite uma opinião sobre questões como a existência de Deus ou a imortalidade da alma. O cientista, dizem-nos, é um especialista num campo restrito: por que suas opiniões teriam valor em qualquer outro campo? A implicação é que a teologia é uma ciência exata tanto como, por exemplo, a química, e que o padre também é um especialista cujas conclusões sobre determinados assuntos devem ser aceitas. Swift faz de fato a mesma reivindicação para o político, mas vai além no sentido de que não concederá que o cientista — o cientista "puro" ou o investigador *ad hoc* — seja uma pessoa útil em sua própria atividade. Mesmo que não tivesse escrito a terceira parte de *Viagens de Gulliver*, poderíamos inferir do resto do livro que, como Leon Tolstoi e William Blake, ele detesta a ideia de estudar os processos da natureza. A "razão" que ele tanto admira nos houyhnhnms não significa antes de tudo o poder de tirar inferências lógicas de fatos observados. Embora nunca a defina, ela aparece na maioria dos contextos com o significado de senso comum — quer dizer, a aceitação do óbvio e o desprezo a tergiversações e abstrações — ou ausência de paixão e superstição. Em geral ele pressupõe que já conhecemos tudo o que precisamos conhecer e que só usamos nosso conhecimento de modo impróprio. A medicina, por exemplo, é uma ciência inútil, porque se vivêssemos de uma forma mais natural não existiriam doenças. No entanto, Swift não é um simplista nem um admirador do bom selvagem. É favorável à civilização e às artes da civilização. Não só percebe o valor das boas maneiras, da boa conversa, e até mesmo do conhecimento de um tipo literário e histórico, como também percebe a necessidade do estudo da agricultura, da navegação e da arquitetura, e que essas atividades poderiam ser melhoradas de maneira proveitosa. Mas seu objetivo implícito é uma civilização estática, indiferente — o mundo de sua própria época, um pouco mais limpo, um pouco mais são, sem alterações radicais e sem bisbilhotar o incognoscível. Mais do que esperaríamos de alguém tão isento de falácias estabelecidas, ele venera o passado, principalmente a Antiguidade clássica, e acredita que o homem moderno degenerou e forma acentuada durante os últimos cem anos.* Na ilha dos feiticeiros, onde os espíritos dos mortos podem ser invocados à vontade:

* A decadência física que Swift afirma ter observado pode ter sido uma realidade naquela época. Ele a atribui à sífilis, uma nova doença na Europa, que talvez tenha sido mais virulenta do que é agora. Bebidas alcoólicas destiladas também eram uma novidade no século XVII, e devem ter resultado, no início, em um grande aumento da embriaguez. (N. A.)

> Desejei que o senado de *Roma* aparecesse diante de mim num grande aposento e um representante de contra-argumento num outro. O primeiro parecia ser uma assembleia de heróis e semideuses, o outro, um bando de mascates, punguistas, bandoleiros e valentões.

Embora Swift use essa seção da terceira parte para atacar a veracidade da história registrada, seu espírito crítico o abandona assim que ele lida com gregos e romanos. Comenta, claro, a corrupção da Roma imperial, mas tem uma admiração quase irracional por algumas das figuras principais do mundo antigo:

> Fui tomado por uma profunda veneração ao avistar *Brutus* e pude facilmente descobrir a virtude mais consumada, as maiores intrepidez e firmeza de mente, o mais verdadeiro amor ao país e a bondade geral para com a humanidade em cada traço de seu rosto. [...] Tive a honra de conversar bastante com *Brutus* e me contaram que seus ancestrais, *Junius*, *Sócrates*, *Epaminondas*, *Cato*, o jovem, sir *Thomas More* e ele mesmo estavam eternamente juntos: um *sextunvirato*, ao qual todas as eras do mundo não podem acrescentar um sétimo.

Note-se que, dessas seis pessoas, apenas uma é cristã. Esse ponto é importante. Se somarmos o pessimismo, a reverência ao passado, a falta de curiosidade e o horror ao corpo humano de Swift, chegaremos a uma atitude comum entre os reacionários religiosos — quer dizer, as pessoas que defendem uma ordem injusta da sociedade ao asseverar que este mundo não pode ser melhorado substancialmente e que só o "outro mundo" importa. No entanto, Swift não dá indicações de ter uma crença religiosa, ao menos no sentido comum do termo. Não parece acreditar a sério na vida após a morte, e sua ideia de bondade está estreitamente ligada a republicanismo, amor à liberdade, coragem, "benevolência" (que significa em verdade espírito público), "razão" e a outras qualidades pagãs. Isso nos lembra de que existe outra tendência em Swift, não exatamente congruente com sua descrença no progresso e sua aversão geral à humanidade.

Para começar, há momentos em que ele é "construtivo" e até "avançado". Ser ocasionalmente incoerente é quase um sinal de vitalidade em livros de utopia, e às vezes Swift introduz uma palavra de louvor em um trecho que deveria ser puramente satírico. Assim, suas ideias sobre a educação dos jovens são atribuídas aos lilliputianos, que têm o mesmo ponto de vista sobre o assunto que os houyhnhnms. Os lilliputianos também têm várias instituições sociais e jurídicas (por exemplo, existem pensões para idosos e as pessoas são recompensadas por manter a lei, assim como são punidas por infringi-las) que Swift teria gostado de ver predominar em seu próprio país. No meio desse trecho, Swift relembra sua intenção satírica e acrescenta: "Ao relacionar essas e as leis que se seguem, entenderiam apenas que me refiro às instituições originais, e não às mais escandalosas corrupções em que essas pessoas incorreram pela natureza degenerada do homem", mas, como Lilliput presumivelmente representa a Inglaterra e as leis de que ele fala jamais tiveram paralelo na Inglaterra, fica claro que o impulso de fazer sugestões construtivas foi demais para ele. Mas a maior contribuição de Swift para o pensamento político, no sentido mais estrito da palavra, foi seu ataque, sobretudo na terceira parte, ao que hoje se chamaria de totalitarismo. Ele faz uma previsão extraordinariamente lúcida do "estado policial" assombrado por espiões, com suas intermináveis caças à heresia e seus julgamentos por traição, todos realmente destinados a neutralizar o descontentamento popular ao transformá-lo em histeria de guerra. E devemos nos lembrar de que Swift deduz o todo de uma parte pequeníssima, porque os governos débeis de sua época não lhe forneceram modelos prontos. Por exemplo, há o professor da

Escola de Planejadores Políticos, que "mostrou-me um enorme documento de instruções para descobrir complôs e conspirações" e que afirmou podermos descobrir os pensamentos secretos das pessoas ao lhes examinarmos o excremento:

> Porque os homens nunca são tão sérios, pensativos e concentrados como quando estão na privada, o que ele constatou por um experimento frequente: pois em tais conjunturas, quando o usou apenas como ensaio para refletir sobre a melhor maneira de assassinar o rei, seu excremento ganhava um matiz de verde; mas bem diferente quando apenas pensava em levantar uma insurreição ou incendiar a metrópole.

Consta que o professor e sua teoria foram sugeridos a Swift pelo fato — em nossa opinião — não particularmente espantoso ou repulsivo de que num recente julgamento do Estado algumas cartas encontradas na privada de alguém foram apresentadas como indício. Mais adiante no mesmo capítulo parece que estamos realmente no centro dos expurgos russos:

> No reino de Tribnia, pelos nativos chamados langdon [...] a maioria das pessoas consiste totalmente em, de certa maneira, descobridores, testemunhas, informantes, acusadores, promotores, depoentes, jurados [...] Primeiro concordam, e acertam entre si, com quais pessoas suspeitas serão acusadas de um complô; depois, toma-se o cuidado de obter todas as suas cartas e todos os seus papéis, e acorrentar os donos. Esses papéis são entregues a um grupo de artistas, bastante hábeis em descobrir os misteriosos significados de palavras, sílabas e letras. [...] Quando este método falha, têm outros dois mais eficazes, que os doutos entre eles chamam de *acrósticos* e *anagramas. Em primeiro lugar*, podem decifrar todas as letras iniciais em significados políticos. Assim: N significará com-

> plô, B um regimento da cavalaria, L uma frota no mar. Ou, *em segundo lugar,* ao transporem as letras do alfabeto em qualquer papel suspeito, podem expor os planos mais profundos de um partido descontente. Assim, por exemplo, se eu dissesse numa carta endereçada a um amigo, *Nosso irmão Tom acabou de ter hemorroidas,* um decifrador habilidoso descobriria que as mesmas letras que compõem a frase podem ser analisadas nas seguintes palavras: *Resista — um complô nos espera — A torre.* E este é o método anagramático.

Outros professores da mesma escola inventam idiomas simplificados, escrevem livros com máquinas, educam os alunos ao inscreverem as aulas numa hóstia e fazendo-os engoli-la, ou propõem abolir a individualidade ao extrair parte do cérebro de um homem e enxertá-la na cabeça de outro. Há algo curiosamente familiar na atmosfera desses capítulos, porque, mesclada com tanta tolice, existe a percepção de que um dos objetivos do totalitarismo não é apenas se certificar de que as pessoas pensarão pensamentos corretos, mas na verdade torná-las *menos conscientes.* Assim, mais uma vez, o relato que Swift faz do líder que em geral domina uma tribo de yahoos, e do "predileto" que atua primeiro como desonroso e depois como bode expiatório, encaixa-se de forma extraordinária no padrão de nossa própria época. Mas devemos inferir de tudo isso que Swift foi em primeiro lugar e antes de mais nada um inimigo da tirania e um paladino da inteligência livre? Não: seus pontos de vista, até onde podemos discerni-los, não são notavelmente liberais. Sem sombra de dúvida ele detesta nobres, reis, bispos, generais, damas da moda, ordens, títulos e lisonjas em geral, mas não parece ter o homem comum numa estima mais elevada do que seus soberanos, ou ser favorável a uma igualdade social maior, ou ser um entusiasta das instituições representativas. Os houyhnhnms estão organizados numa espécie de sistema de castas tipicamente racial, e os cavalos que fazem o trabalho servil têm cores diferentes dos donos e não se reproduzem entre si. O sistema educacional que Swift admira nos lilliputianos tem como certas distinções de classe hereditárias, e as crianças das classes mais pobres não vão para a escola porque "sua atividade é apenas lavrar e cultivar a terra [...] portanto sua educação é de pouca consequência para o público". Tampouco ele parece ser totalmente favorável à liberdade de expressão e de imprensa, a despeito da tolerância que seus próprios escritos desfrutaram. O rei de Brobdingnag fica espantado com a multiplicidade de seitas religiosas e políticas na Inglaterra e pensa que aqueles que sustentam "opiniões prejudiciais ao público" (no contexto, isso parece significar simplesmente opiniões heréticas), embora não precisem ser obrigados a mudá-las, deveriam ser obrigados a ocultá-las, porque, "assim como era tirania em qualquer governo solicitar o primeiro, era fraqueza não fazer cumprir o segundo". Há uma indicação mais sutil da própria atitude de Swift na maneira como Gulliver deixa o país dos houyhnhnms. Ao menos intermitentemente. Swift era uma espécie de anarquista, e a quarta parte de *Viagens de Gulliver* é um retrato de uma sociedade anarquista não governada pela lei no sentido comum, mas pelos ditames da "razão", que são aceitos voluntariamente por todo mundo. A assembleia geral dos houyhnhnms "exorta" o mestre de Gulliver a se livrar dele, e os vizinhos o pressionam a obedecer. Dois motivos são apresentados. Um é que a presença desse yahoo insólito pode desconcertar o resto da tribo, e o outro é que uma relação amistosa entre um houyhnhnm e um yahoo "não é conforme à razão ou à natureza, ou a algo que conheceram antes". O mestre de Gulliver não está muito disposto a obedecer, mas a "exortação" (um houyhnhnm, somos informados, nunca é *forçado* a fazer uma coisa, é apenas "exortado" ou "aconselhado") não pode ser ignorada. Isso ilustra muito bem a tendência totalitária explicitada na visão anarquista ou pacifista da sociedade. Numa sociedade sem lei e, em teoria, sem compulsão, o único árbitro do comportamento é a opinião pública. Mas a opinião pública, devido à tremenda necessidade de conformidade dos animais gregários, é menos tolerante do que qualquer sistema de leis. Quando seres humanos são governados por "não poderás", o indivíduo pode praticar certa quantidade de excentricidades: quando supostamente governado pelo "amor" ou pela "razão", acha-se sujeito a uma pressão contínua para se comportar e pensar exatamente como todo mundo. Os houyhnhnms, somos informados, eram unânimes em quase todos os assuntos. A única questão que *discutiam* era como lidar com os yahoos. Caso contrário não havia margem para a discordância entre eles, porque a verdade é sempre manifesta, ou então não pode ser descoberta e não tem importância. Pelo visto seu idioma não tinha palavra para "opinião", e nas conversas não havia "diferença de sentimentos". Haviam chegado, de fato, ao estágio mais avançado da organização totalitária, o estágio em que a conformidade se torna tão generalizada que não há necessidade de uma força policial. Swift aprova esse tipo de coisa porque, entre seus muitos talentos, nem curiosidade nem bondade estavam incluídas. A discordância sempre lhe pareceria pura perversidade. A "razão", entre os houyhnhnms, diz ele, "não é um ponto problemático, como para nós, quando os homens podem discutir com plausibilidade sobre ambos os lados de uma questão; mas nos impressiona com uma convicção imediata; como se faz necessário, onde não é mesclada, obscurecida ou desbotada pela paixão e pelo interesse". Em outras palavras, já conhecemos tudo, então por que tolerar opiniões divergentes? A sociedade totalitária dos houyhnhnms, onde não pode haver liberdade nem desenvolvimento, resulta naturalmente disso.

Estamos certos ao pensar em Swift como um rebelde e iconoclasta, mas, exceto em assuntos secundários, como sua insistência em que as mulheres deveriam receber a mesma educação que os homens, ele não pode ser rotulado de "esquerdista". É um anarquista conservador, que desdenha a autoridade ao mesmo tempo que não crê na liberdade, que preserva o ponto de vista aristocrático ao mesmo tempo que percebe claramente que a aristocracia existente é degenerada e desprezível. Quando Swift profere uma de suas invectivas características contra os ricos e poderosos, talvez devamos, como disse antes, descontar alguma coisa pelo fato de que ele mesmo pertenceu a um partido menos bem-sucedido e estava decepcionado. Os partidos da "oposição", por motivos óbvios, são sempre mais radicais do que os partidos "no poder".* Mas o mais essencial em Swift é sua incapacidade de acreditar que pode valer a pena viver a vida — a vida comum na terra sólida, não uma versão racionalizada e perfumada dela. É claro que nenhuma pessoa honesta afirmaria que a felicidade é *hoje* uma condição normal entre os seres humanos adultos; mas talvez *pudesse* ser normalizada, e é em torno dessa questão que giram todas as controvérsias políticas sérias. Swift tem muito em comum — creio que mais do que se notou — com Tolstoi, outro que não crê na possibilidade de felicidade. Em ambos temos o mesmo ponto de vista anarquista por cima de uma mentalidade

* No final do livro, como típico modelo de loucura e depravação humanas, Swift nomeia "um advogado, um punguista, um coronel, um bobo, um lorde, um batoteiro, um político, um femeeiro, um físico, um depoente, um subornador, um procurador, um traidor, ou coisa parecida". Percebe-se aqui a violência irresponsável dos impotentes. A lista junta aqueles que quebram o código convencional e aqueles que o preservam. Por exemplo, se automaticamente condenarmos um coronel enquanto tal, com que pretexto condenamos um traidor? Ou ainda, se desejarmos reprimir punguistas, precisamos de leis, o que significa que necessitamos de advogados. Mas todo o trecho final, no qual o ódio é bastante autêntico e a razão dada a ele bastante inadequada, de algum modo não convence. Temos a impressão de que a animosidade pessoal está atuando. (N. A.)

autoritária; em ambos, uma semelhante hostilidade em relação à ciência, a mesma impaciência com os adversários, a mesma incapacidade de enxergar a importância de qualquer assunto que não lhes interesse; e em ambos os casos uma espécie de horror ao processo real da vida, embora no caso de Tolstoi tenha surgido mais tarde e de maneira diferente. A infelicidade sexual dos dois homens não era do mesmo tipo, mas havia isto em comum: em ambos uma sincera aversão se mesclava com um fascínio mórbido. Tolstoi era um libertino reformado que acabou pregando um celibato total, ao mesmo tempo que continuou a praticar o oposto até a velhice extrema. Swift era provavelmente impotente e tinha um horror exagerado ao excremento humano: também pensava nisso sem cessar, como está claro em todas as suas obras. Não é provável que pessoas assim gostem sequer do pouco de felicidade que muitos seres humanos experimentam, e, por motivos óbvios, não é provável que admitam que a vida terrena é capaz de progressos. Sua indiferença, e daí sua intolerância, provém da mesma raiz.

A repugnância, o rancor e o pessimismo de Swift fariam sentido no contexto de um "outro mundo" para o qual este é o prelúdio. Uma vez que, ao que parece, não acredita seriamente nisso, é necessário construir um paraíso que se supõe existir na superfície da Terra, mas algo bem diferente de tudo o que conhecemos, com a eliminação de tudo o que ele desaprova: mentiras, insensatez, mudanças, entusiasmo, prazer, amor e imundície. Como ser ideal, escolhe o cavalo, um animal cujo estrume não é ofensivo. Os houyhnhnms são animais aborrecidos — e isso é admitido em termos tão gerais que não vale a pena examinar a questão. O gênio de Swift os torna verossímeis, mas é possível que haja pouquíssimos leitores em quem despertaram qualquer sentimento além de antipatia. E isso não pela vaidade ferida de ver animais preferidos a homens; porque, dos dois, os houyhnhnms são bem mais parecidos com seres humanos do que são os yahoos, e o horror de Gulliver aos yahoos, junto com seu reconhecimento de que são criaturas do mesmo tipo que ele, contém um absurdo lógico. Esse horror lhe ocorre ao vê-los pela primeira vez. "Nunca vi", diz ele, "em todas as minhas viagens, um animal tão desagradável, nem um pelo qual naturalmente tenha concebido uma repugnância tão forte." Mas em comparação com o quê, os yahoos são repugnantes? Não com os houyhnhnms, porque nesse momento Gulliver não viu um houyhnhnm. Só pode ser em comparação consigo mesmo, ou seja, com um ser humano. Mais tarde, porém, somos informados de que os yahoos *são* seres humanos, e a sociedade humana se torna insuportável para Gulliver porque todos os homens são yahoos. Neste caso, por que não concebeu antes sua repugnância à humanidade? De fato, somos informados de que os yahoos são fantasticamente diferentes dos homens, e no entanto são iguais. Swift excedeu a si mesmo em sua fúria e berra com seus semelhantes: "São bem mais asquerosos do que são!". No entanto, é impossível sentir muita simpatia pelos yahoos, e não é porque oprimem os yahoos que os houyhnhnms são pouco atraentes. São pouco atraentes porque a "razão" pela qual são governados é na realidade um desejo da morte. São isentos de amor, amizade, curiosidade, medo, pena e — exceto nos sentimentos para com os yahoos, que ocupam a mesma posição em sua comunidade que os judeus na Alemanha nazista — ira e ódio. "Não têm carinho por seus potros ou filhotes, mas o cuidado que tomam para educá-los procede inteiramente dos ditames da *razão*." Dão enorme importância à "amizade" e à "benevolência", mas "estas não se limitam a objetos específicos, mas valem para a raça inteira". Dão valor também à conversação, mas nesta não há divergências de opinião e "nada é transmitido, exceto o que foi útil, expresso com as pouquíssimas e significativas palavras". Praticam um rigoroso controle da natalidade, cada casal gerando dois filhos e depois disso abstendo-se da relação sexual. Os casamentos são arranjados pelos anciãos, com base em princípios eugênicos, e o idioma não contém uma palavra para "amor", no sentido sexual. Quando alguém morre, eles continuam a viver exatamente como antes, sem nenhum sentimento de tristeza. Percebe-se que seu objetivo é ser semelhante a um cadáver tanto quanto possível e ao mesmo tempo conservar a vida física. É verdade que uma ou outra de suas características não parecem ser estritamente "razoáveis" em seu próprio uso da palavra. Assim, dão grande valor não só à intrepidez física como também ao atletismo, e cultivam a poesia. Mas essas exceções podem ser menos arbitrárias do que parecem. Swift provavelmente enfatiza a força física dos houyhnhnms para deixar claro que jamais poderiam ser derrotados pela odiada raça humana, enquanto um gosto por poesia pode figurar entre suas qualidades porque para Swift a poesia era a antítese da ciência, de seu ponto de vista a mais inútil de todas as atividades. Na terceira parte, menciona "imaginação, fantasia e invenção" como faculdades valorosas de que os matemáticos de Laputa (a despeito de seu amor à música) careciam totalmente. Devemos nos lembrar que, embora Swift fosse um admirável escritor de poemas cômicos, o tipo de poesia que ele julgava valioso provavelmente seria a didática. A poesia dos houyhnhnms, diz ele,

> deve se distinguir da de todos os outros mortais; daí que a justeza dos símiles, e a minuciosidade, assim como a exatidão, das descrições sejam de fato inimitáveis. Seus versos abundam em ambos os tipos e em geral contêm algumas noções exaltadas de amizade e benevolência ou louvores aos que foram vitoriosos em corridas e em outros exercícios físicos.

Lamentavelmente, nem mesmo o gênio de Swift esteve à altura de produzir uma mostra pela qual pudéssemos julgar a poesia dos houyhnhnms. Mas tudo indica que era de um conteúdo econômico (em dísticos heroicos, possivelmente) e não em conflito sério com os princípios da "razão".

Sabe-se como é difícil descrever a felicidade, e retratos de uma sociedade justa e bem organizada são raras vezes atraentes ou convincentes. No entanto, a maioria dos criadores de utopias "favoráveis" se preocupa em mostrar o que a vida poderia ser se fosse vivida mais plenamente. Swift advoga uma simples recusa à vida, justificando isso com a afirmação de que a "razão" consiste em frustrar nossos instintos. Os houyhnhnms, criaturas sem história, continuam geração após geração a viver com prudência, mantendo a população exatamente no mesmo nível, evitando todas as paixões, não sofrendo doença alguma, encarando a morte com indiferença, educando os jovens segundo os mesmos princípios — e tudo para quê? Para que o mesmo processo continue indefinidamente. As ideias de que vale a pena viver aqui e agora, ou de que poderia vir a valer, ou de que a vida deve ser sacrificada por algum bem futuro estão ausentes. O mundo monótono dos houyhnhnms era sobre uma utopia tão boa quanto Swift pôde construir, considerando que não acreditava num "outro mundo" nem conseguia extrair prazer de determinadas atividades normais. Mas não se estabelece como algo desejável em si, e sim como justificativa para outro ataque à humanidade. O objetivo, como sempre, é humilhar o homem ao lembrá-lo de que é fraco e ridículo e, acima de tudo, de que cheira mal; e o motivo supremo, provavelmente, é uma espécie de inveja, a inveja do espírito da vida, do homem que sabe que não pode ser feliz por causa dos outros que — este é seu receio — podem ser um pouquinho mais felizes do que ele. A expressão política para esse ponto de vista deve ser reacionário ou niilista, porque a pessoa que o sustenta desejará impedir o desenvolvimento da sociedade em alguma direção em que seu pessimismo possa ser traído. Pode-se fazer isso arrasando tudo ou evitando a mudança social. Swift, em última instância, arrasou tudo da única maneira viável antes da bomba atômica — ou seja, enloqueceu —, mas, como procurei mostrar, seus objetivos políticos eram em geral reacionários.

Pelo que escrevi, pode parecer que sou *contra* Swift, que meu propósito é refutá-lo e até mesmo depreciá-lo. Num sentido político e moral, sou contra ele até onde o entendo. No entanto, curiosamente, ele é um dos escritores que admiro com mínimas reservas, e *Viagens de Gulliver*, em especial, é um livro do qual me parece impossível cansar. Li-o pela primeira vez aos oito anos — para ser exato, um dia antes de completar oito, porque furtei e li às escondidas o exemplar que me dariam como presente no dia do meu aniversário —, e desde então com certeza não o li menos do que uma dúzia de vezes. Seu fascínio parece inesgotável. Se tivesse de preparar uma lista de seis livros que deveriam ser preservados quando todos os demais fossem destruídos, sem dúvida colocaria *Viagens de Gulliver* entre eles. Isso levanta uma questão: qual é a relação entre concordar com as opiniões de um escritor e gostar de sua obra?

Se formos capazes de imparcialidade intelectual, *perceberemos* o mérito num escritor de quem discordamos profundamente, mas *gostar* é outra coisa. Supondo que exista algo assim como arte boa ou ruim, a qualidade de bom ou ruim tem de residir na própria obra de arte — independentemente não do observador, da realidade, mas do humor do observador. Em certo sentido, portanto, não pode ser verdadeiro que um poema seja bom na segunda-feira e ruim na terça-feira. No entanto, se avaliarmos um poema pela apreciação que ele desperta, então decerto pode ser verdadeiro, porque a apreciação, ou o gostar, é uma condição subjetiva que não se pode controlar. Durante boa parte de sua vida ativa, mesmo a pessoa mais culta não tem nenhuma sensibilidade estética, e a capacidade de ter uma sensibilidade estética é destruída com muita facilidade. Quando sentimos medo ou fome, ou sofremos de dor de dente ou enjoo, *Rei Lear* não é melhor do que *Peter Pan* segundo nosso ponto de vista. Talvez saibamos intelectualmente que é melhor, mas isso é só um fato de que nos recordamos; não *sentiremos* o mérito de *Rei Lear* até voltarmos à normalidade. E a avaliação estética pode se frustrar de maneira desastrosa — e mais desastrosa porque a causa não é identificada assim de imediato — por uma discordância política ou moral. Se um livro nos irrita, ofende ou alarma, então não gostaremos dele, pouco importam seus méritos. Se um livro nos parece pernicioso de verdade, porque talvez venha a influenciar outras pessoas de forma inconveniente, é provável que elaboremos uma teoria estética para mostrar que *não tem* méritos. A crítica literária atual consiste em grande parte nessa espécie de dúbio transitar entre dois tipos de critério. E no entanto o processo oposto também pode ocorrer: o gosto pode dominar a desaprovação, ainda que se reconheça com clareza estar gostando de algo hostil. Swift, cuja visão de mundo é tão peculiarmente inaceitável, mas que é, contudo, um escritor extremamente popular, é um bom exemplo disso. Por que não nos incomodamos de ser chamados de yahoos, embora tenhamos a firme convicção de que *não* somos yahoos?

Não basta apresentar a resposta habitual de que, claro, Swift estava errado, de fato estava louco, mas era "um bom escritor". É verdade que a qualidade literária de um livro é, até certo ponto, separável do assunto. Algumas pessoas têm um dom inato para usar palavras, assim como algumas têm um "bom olho" em jogos. É, em grande parte, uma questão de senso de oportunidade e de saber instintivamente com que intensidade a ênfase deve ser usada. Como exemplo à mão, recordemos os trechos que mencionei antes, a começar por "No reinado de Tribnia, pelos nativos chamado de Langdon". Muito de sua força provém da frase final: "E este é o método anagramático". A rigor, essa frase é desnecessária, porque vimos antes a decifração do anagrama, mas a repetição pseudossolene, em que parecemos ouvir a voz do próprio Swift pronunciando as palavras, inculca a tolice das atividades descritas como a última martelada num prego. Mas nem toda a força e simplicidade da prosa de Swift, nem o esforço imaginativo que foi capaz de tornar não uma, mas toda uma série de palavras impossíveis mais críveis do que a maioria dos livros de história, nada disso nos faria gostar de Swift se sua visão de mundo realmente ofendesse ou chocasse. Milhões de pessoas, em vários países, devem ter gostado de *Viagens de Gulliver* ao mesmo tempo que enxergaram mais ou menos suas implicações anti-humanas: e até a criança que interpreta a primeira e a segunda partes como uma simples história tem uma noção de absurdo ao pensar em seres humanos de quinze centímetros de altura. A explicação deve ser que se percebe que a visão de mundo de Swift *não é* falsa de todo — ou, talvez fosse mais exato dizer, não é falsa o tempo inteiro. Swift é um escritor enfermo. Vive permanentemente numa depressão que em muitas pessoas é apenas passageira, como se quem sofresse de icterícia ou dos efeitos secundários de uma gripe ainda encontrasse energia para escrever livros. Mas todos nós conhecemos essa disposição de ânimo, e alguma coisa dentro de nós reage à expressão dela. Tomemos, por exemplo, uma de suas obras mais características, "The lady's dressing-room" [O toucador da dama]: poderíamos acrescentar o poema análogo "Upon a beautiful young nymph going to bed" [Sobre uma bela jovem ninfa ao se deitar]. Qual é mais verdadeiro, o ponto de vista expresso nesses poemas, ou o do subentendido na frase de Blake: "A forma humana feminina desnuda divina"? Sem dúvida Blake está mais próximo da verdade, e no entanto quem pode deixar de sentir uma espécie de prazer ao ver essa impostura, delicadeza feminina, explodir uma vez? Swift falsifica o retrato que faz do mundo inteiro ao se recusar a ver algo na vida humana que não seja imundície, loucura e maldade, mas a parte que abstrai do todo não existe, e é o que todos sabemos e ao mesmo tempo não nos atrevemos a mencionar. Uma parte de nossa mente — que em qualquer pessoa normal é a parte predominante — acredita que o homem é um animal nobre e que vale a pena viver: mas há também uma espécie de ser interior que ao menos de tempos em tempos fica pasmo ante o horror da existência. Da forma mais estranha, prazer e repugnância estão ligados. O corpo humano é belo; é também repulsivo e ridículo, um fato que se pode verificar em qualquer piscina. Os órgãos sexuais são objetos de desejo e também de nojo, tanto assim que em vários idiomas, se não em todos, seus nomes são usados como palavras de insulto. Carne é deliciosa, mas um açougue nauseia — e, de fato, todos os nossos alimentos surgem, em última instância, de excremento e corpos mortos, as duas coisas que, entre todas as demais, parecem-nos as mais horrendas. Uma criança, já tendo passado pelo estágio infantil, mas ainda olhando o mundo com olhos novos, perturba-se com o horror quase com a mesma frequência do que com o espanto — horror ao muco e à saliva, ao cocô de cachorro na calçada, ao sapo moribundo cheio de larvas, ao cheiro de suor dos adultos, à repelência dos homens velhos, com sua careca e seu nariz bulboso. Com sua interminável insistência sobre doença, imundície e deformidade, Swift na verdade não inventa nada, apenas deixa algo de lado. Também o comportamento humano, sobretudo na política, é como ele descreve, embora contenha outros fatores mais importantes que ele se recusa a admitir. Em nosso entender, o horror e a dor são necessários para a continuidade da vida neste planeta, o que permite que pessimistas como Swift digam: "Se o horror e a dor têm sempre de fazer parte de nós, como pode a vida ser significativamente melhorada?". Sua atitude é, na realidade, uma atitude cristã, sem a sedução de um "outro mundo" — que, provavelmente, tem menos influência sobre a mente dos fiéis do que a convicção de que este mundo é um vale de lágrimas e a cova é um lugar de descanso. É, tenho certeza, uma atitude equivocada e que tem efeitos nocivos sobre o comportamento; mas alguma coisa em nós reage a ela, assim como reage às palavras desalentadoras do funeral e ao doce odor de cadáveres numa igreja interiorana.

Com frequência se apresenta como argumento, ao menos por quem reconhece a importância do assunto, que não pode ser "bom" um livro que expressa uma visão claramente falsa da vida. Dizem-nos que em nossa própria época, por exemplo, qualquer livro que tenha um mérito literário genuíno também será de tendência mais ou menos "progressista". Isso ignora o fato de que ao longo da história se trava uma luta semelhante entre o progresso e a reação, e que os melhores livros de qualquer época sempre foram escritos de diferentes pontos de vista, alguns claramente mais falsos do que outros. Na medida em que o escritor é um propagandista, o máximo que podemos lhe pedir é que acredite genuinamente no que diz e que isso não seja de uma tolice ululante. Hoje, por exemplo, podemos imaginar um livro bom escrito por um católico, um comunista, um fascista, um pacifista, um anarquista, talvez um liberal à antiga ou um conservador comum; mas não podemos imaginar um livro bom escrito por um espiritualista, um partidário do buchmanismo* ou um membro da Ku-Klux-Klan. A visão que um escritor sustenta deve ser compatível com a sanidade, no sentido clínico, e com o poder do pensamento contínuo: afora isso, o que pedimos a ele é talento, que é provavelmente outro nome para convicção. Swift não pos-

* Referência a um grupo informal da Universidade de Oxford, reunido em torno do dr. Frank Buchman, em que se trocavam experiências e orientações de caráter religioso. (N. T.)

suía juízo comum, mas possuía, sim, uma espantosa intensidade de visão, capaz de pinçar uma única verdade oculta e depois amplificá-la e distorcê-la. A durabilidade de *Viagens de Gulliver* demonstra que, com o respaldo da força da convicção, uma visão de mundo que seja aprovada apenas no exame da sanidade já é suficiente para produzir uma grande obra de arte.

Polemic, 1946.

5. Mark Twain — O bufão autorizado

Mark Twain se infiltrou na majestosa biblioteca da Everyman, mas só com *Tom Sawyer* e *Huckleberry Finn*, já razoavelmente conhecidos sob o rótulo de "livros infantojuvenis" (que não são). Seus melhores e mais característicos livros, *Roughing it* [*Vida dura*], *The innocents at home* [*Os inocentes em casa*] e mesmo *Life on the Mississippi* [*A vida no Mississippi*], são pouco lembrados aqui na Grã-Bretanha, embora sem dúvida nos Estados Unidos o patriotismo que em toda parte se mistura com julgamento literário os mantenha vivos.

Apesar de ter produzido uma surpreendente variedade de livros — de uma "vida" piegas de Joana d'Arc a um panfleto tão obsceno que circulou publicamente —, tudo o que é bom na obra de Mark Twain se concentra em volta do rio Mississippi e das turbulentas cidades mineiras do Oeste. Nascido em 1835 (veio de uma família sulina, uma família rica o bastante para ter um ou talvez dois escravos), passou a juventude e os primeiros anos da vida adulta na era de ouro dos Estados Unidos, período em que as vastas planícies estavam abertas, em que riqueza e oportunidade pareciam sem limites e os seres humanos se sentiam livres, eram de fato livres como jamais foram e talvez não voltem a ser por séculos. *Life on the Mississippi* e os outros dois livros que mencionei são uma miscelânea de casos, descrições pitorescas e história social tanto sérios como burlescos, mas com um tema central que talvez se possa resumir assim: "É dessa forma que os seres humanos se comportam quando não têm medo de ficar desempregados". Nesses livros, Mark Twain não escreve conscientemente um hino à liberdade. Em primeiro lugar, está interessado no "caráter", nas variações fantásticas, quase lunáticas, de que a natureza humana é capaz quando a pressão econômica e a tradição são retiradas dela. Os balseiros, os timoneiros do Mississippi, os mineiros e os bandoleiros que ele descreve não são provavelmente muito exagerados, mas são diferentes dos homens modernos, e uns dos outros, como as gárgulas de uma catedral medieval. Podiam desenvolver uma estranha e às vezes sinistra individualidade devido à ausência de qualquer pressão externa. O Estado quase não existia, as igrejas eram brandas e falavam com muitas vozes, e as terras estavam lá para quem quisesse. Quem não gostava do emprego, simplesmente dava um soco no olho do patrão e se mudava para mais adiante a oeste; e além do mais havia uma tal abundância de dinheiro que a menor moeda em circulação valia um shilling. Os pioneiros americanos não eram super-homens nem especialmente corajosos. Cidades inteiras de mineradores de ouro robustos se deixavam aterrorizar por bandoleiros que só não eram derrotados por falta de civismo. Não estavam nem mesmo livres das distinções de classe. O bandido que rondava as ruas do assentamento mineiro, com uma pistola Derringer no bolso do colete e a fama de ter feito vinte cadáveres, usando sobrecasaca e chapéu-coco reluzente, qualificava a si mesmo firmemente como "cavalheiro" e era exigente em relação às maneiras à mesa. Mas ao menos não era o caso de o destino de um homem estar determinado com o nascimento. O mito "da cabana rústica de madeira à Casa Branca" era verdadeiro enquanto houvesse terras livres. De certa forma, foi por isso que a população de Paris tomou a Bastilha, e, quando lemos Mark Twain, Bret Harte ou Walt Whitman, é difícil achar que seus esforços tenham sido em vão.

No entanto, Mark Twain almejava ser algo mais do que um cronista do Mississippi e da corrida do ouro. Em sua época, foi famoso em todo o mundo como humorista e palestrante cômico. Em Nova York, Londres, Berlim, Viena, Melbourne e Calcutá, públicos imensos rolavam de rir com as anedotas que hoje, quase sem exceção, deixaram de ser engraçadas. (Vale observar que as palestras de Mark Twain alcançavam sucesso apenas com públicos anglo-saxões e alemães. Os povos latinos relativamente adultos — cujo humor, queixava-se ele, sempre girava em torno de sexo e política — jamais lhe deram atenção.) Além disso, Mark Twain tinha algumas pretensões a crítico social e até mesmo a ser uma espécie de filósofo. Tinha uma veia iconoclasta, e até mesmo revolucionária, que obviamente desejava levar adiante mas que por alguma razão nunca levou. Poderia ter sido um demolidor de impostores e um profeta da democracia mais valioso do que Whitman, porque era mais rico e mais bem-humorado. Em vez disso, tornou-se essa coisa dúbia que é uma "figura pública", adulado pelos funcionários do órgão expedidor de passaportes e recebido pela realeza, e sua carreira reflete a deterioração da vida americana que se manifestou após a Guerra Civil.

Mark Twain foi por vezes comparado a seu contemporâneo Anatole France. Não é uma comparação tão despropositada como parece. Ambos eram filhos espirituais de François-Marie Arouet Voltaire, ambos tinham uma visão cética e irônica da vida e um pessimismo inato revestido por uma capa de alegria; ambos sabiam que a ordem social existente é um embuste e que suas crenças tão apreciadas não passavam de ilusões. Ambos eram ateístas ardorosos e estavam convencidos (no caso de Mark Twain, o responsável era Charles Robert Darwin) da insuportável crueldade do universo. Mas as semelhanças terminam aí. O francês não só é mais erudito, mais civilizado, mais vivo esteticamente, como também mais corajoso. Critica as coisas em que não crê; não se esconde sempre, como Mark Twain, atrás da máscara amistosa da "figura pública" e do comediante autorizado. Está disposto a correr o risco da fúria da Igreja e a aderir ao lado impopular numa controvérsia — no caso do oficial francês judeu Alfred Dreyfus, por exemplo, Mark Twain, exceto talvez num breve ensaio, "What is man?" (O que é o homem?), jamais critica crenças estabelecidas de uma forma que talvez lhe trouxesse problemas. Tampouco nunca se afastou da noção, talvez uma noção tipicamente americana, de que o sucesso e a virtude são a mesma coisa.

Em *Life on Mississippi*, existe uma estranha e pequena ilustração da fraqueza central do caráter de Mark Twain. Na primeira parte desse livro essencialmente autobiográfico, as datas foram alteradas. Mark Twain narra suas aventuras de timoneiro no Mississippi como se na época fosse um rapaz de cerca de dezessete anos, quando na verdade era um jovem de quase trinta. Há um motivo para isso. A mesma parte do livro relata suas façanhas na Guerra Civil, que foram nitidamente inglórias. De mais a mais, Mark Twain começou por combater, se é que se pode dizer que combateu, a favor dos sulistas e mais tarde trocou de posição, antes de a guerra acabar. Esse tipo de comportamento é mais desculpável num rapaz do que num homem, daí o ajustamento das datas. Também está bastante claro que ele trocou de lado porque percebeu que o Norte venceria; e essa tendência a tomar o partido do mais forte sempre que possível, de acreditar que deveria ser correto, é evidente em toda a sua carreira. Em *Roughing it*, há um interessante relato de um bandoleiro chamado Slade, que, entre outras inúmeras atrocidades, cometera vinte e oito homicídios. Está perfeitamente claro que Mark Twain admira o patife repulsivo. Slade era bem-sucedido; portanto, admirável. Esse ponto de vista, não menos comum hoje, é resumido na significativa expressão americana "sair-se bem".

No período de avareza que se seguiu à Guerra Civil, era difícil para alguém com o temperamento de Mark Twain se recusar a ser um sucesso. A democracia antiga, simples, mutilada e exaurida que Abraham Lincoln representou estava sucumbindo: chegara a era da mão de obra barata do imigrante e do crescimento do negócio em grande escala. Mark Twain satirizou com brandura seus contemporâneos em *The guilded age* [*A era dourada*], mas também cedeu à febre dominante, e ganhou e perdeu enormes somas de dinheiro. Por anos ele até mesmo abandonou a escrita em troca do comércio; e desperdiçou tempo em bufonarias: não apenas em turnês de palestras e banquetes públicos, mas, por exemplo, escrevendo um livro como *A Connecticut yankee in king Arthur's court* [*Um ianque de Connecticut na corte do rei Artur*], que é uma estudada lisonja a tudo o que há de pior e de mais vulgar na vida americana. O homem que poderia ter sido uma espécie de Voltaire rústico se transformou no principal orador pós-prandial do mundo, encantador tanto por suas historietas como pelo poder de fazer os homens de negócios se sentirem benfeitores públicos.

É comum responsabilizar a mulher de Mark Twain por ele não ter conseguido escrever os livros que deveria ter escrito, e é evidente que ela o dominava completamente, como uma tirana. Toda manhã, Mark Twain lhe mostrava o que tinha escrito no dia anterior, e a sra. Clemens (o nome verdadeiro de Mark

Twain era Samuel Clemens) o retocava com lápis azul, cortando tudo que achasse impróprio. Parece que ela foi muitíssimo drástica com seu lápis azul, mesmo para os padrões do século XIX. No livro *My Mark Twain*, do escritor americano William Dean Howells, há um relato sobre o exagero ocorrido por causa de uma terrível imprecação que por algum motivo fora mantida em *Huckleberry Finn*. Mark Twain pediu a intercessão de Howells, que reconheceu que era "exatamente o que Huck diria", mas concordava com a sra. Clemens em que a palavra não poderia ser impressa de modo algum. A palavra era "inferno". No entanto, nenhum escritor é de fato o escravo intelectual de sua esposa. A sra. Clemens não teria conseguido impedir Mark Twain de escrever o livro que ele desejasse escrever. Talvez o tivesse feito se render à sociedade com mais facilidade, mas a rendição se deu em virtude daquela falha de sua natureza: a incapacidade de desprezar o sucesso.

Vários livros de Mark Twain estão destinados a sobreviver por conterem uma inestimável história social. A vida de Mark Twain se estendeu ao longo do grande período da expansão americana. Quando menino, era normal ele passar um dia fora para um piquenique e ver o enforcamento de um abolicionista, e, quando morreu, o avião começava a deixar de ser uma novidade. Esse período nos Estados Unidos produziu relativamente poucas obras literárias, e, não fosse por Mark Twain, o retrato que temos de um vapor movido a rodas no Mississippi, ou de uma diligência atravessando as planícies, seria bem mais pálido. Mas muitos dos que estudaram sua obra ficaram com a sensação de que ele poderia ter feito algo mais. Ele dá o tempo inteiro a estranha impressão de estar prestes a dizer alguma coisa e depois se esquiva, de forma que *Life on the Mississippi* e os demais livros parecem assombrados pelo fantasma de um livro maior e mais coerente. Significativamente, ele começa a autobiografia com a observação de que a vida interior de um homem é indescritível. Não sabemos o que ele teria a dizer — é possível que o inaccessível panfleto *1601* oferecesse uma pista, mas podemos supor que lhe teria arruinado a reputação e reduzido consideravelmente sua renda.

Tribune, 1943.

1ª EDIÇÃO [2005] 1 reimpressão

ESTA OBRA FOI COMPOSTA EM MINION PELO ESTÚDIO O.L.M. E IMPRESSA PELA GRÁFICA BARTIRA EM OFSETE SOBRE PAPEL PÓLEN SOFT DA SUZANO S.A. PARA A EDITORA SCHWARCZ EM DEZEMBRO DE 2020

FSC
www.fsc.org
MISTO
Papel produzido a partir de fontes responsáveis
FSC® C105484

A marca FSC® é a garantia de que a madeira utilizada na fabricação do papel deste livro provém de florestas que foram gerenciadas de maneira ambientalmente correta, socialmente justa e economicamente viável, além de outras fontes de origem controlada.